AF757214

SCHRÄG-ARZT-WITZE

Von
Herbert Kammlader
und
Joachim Niering

Diese Witze sind überaus seltsam und kurios. Sie handeln vom Arzt und denen, die sich zu diesem Arzt (oder dieser Ärztin) bewegen. Dabei ist jeder Witz etwas Eigenes, ein Universum der Erkenntnis, welches sich in bisweilen überaus trockener Dialogregie erklärt. „Arztwitze" in dieser schrägen Manier sind eine neue und eigene Prägung, die wir Herbert Kammlader und Joachim Niering zu verdanken haben. Nicht nur Blondinenwitze und Ostfriesenwitze gedenken die Welt zu erobern, der Schräg-Arzt-Witz wird es auch. In seinen subtilen, bisweilen auch platten Doppeldeutigkeiten tun sich Horizonte eines unglaublichen Humores auf. Die Ärzte und alle Patienten (und nicht nur die!) werden es zu danken wissen. Sind doch Wartezimmer und Sprechstunden bisweilen überaus langweilig. Die Schräg-Arzt-Witze bescheren diesen alltäglichen Zusammentreffen (und auch denen des Abends an der Theke) huldvollen Stoff.

Herbert Kammlader wurde 1966 in Melsungen geboren. Nach einer Ausbildung zum Arzt für Innere Medizin arbeitete er 17 Jahre in einem Krankenhaus im Sauerland, bevor er sich dann mit einer eigenen Praxis selbstständig im Ruhrgebiet niederließ.

Joachim Niering, geboren 1957, ist Unternehmensberater und Schuldnerbetreuer aus Krefeld am Niederrhein. Zu seinen zahlreichen Interessensgebieten gehören die Musik und der Zugang zu den Geheimnissen der Welt der Worte.

Herbert Kammlader
und
Joachim Niering

SCHRÄG-ARZT-WITZE

ÜBER 550 ALLZU
ABSURDE ARZTWITZE

Kuriose Witze
vom Arzt, über den Arzt,
beim Arzt und zum Arzt

K|U|U|U|K
Verlag

Bibliografische Information der Deutschen Nationalbibliothek:
Die Deutsche Nationalbibliothek erfasst diesen Buchtitel in der Deutschen Nationalbibliografie. Die bibliografischen Daten können im Internet unter http://dnb.dnb.de abgerufen werden.

Alle Rechte vorbehalten. Insbesondere das der Übersetzung, des öffentlichen Vortrags sowie der Übertragung durch Rundfunk, Fernsehen und Medien – auch einzelner Teile. Kein Teil des Werkes darf in irgendeiner Form (durch Fotografie, Mikrofilm oder andere neuartige Verfahren) ohne schriftliche Genehmigung des Verlages reproduziert oder unter Verwendung elektronischer Systeme verarbeitet, vervielfältigt oder verbreitet werden.

HINWEIS: Deutsch ist überaus vielschichtig und komplex. Der Verlag versucht, nach bestem Wissen und Gewissen alle Bücher zu lektorieren und zu korrigieren. Oft gibt es allerdings mehrere erlaubte Schreibweisen parallel. Da will entschieden werden. Zudem ergeben sich immer wieder Zweifelsfälle, wozu es oft auch keine eindeutigen Antworten gibt. Schlussendlich haben auch die Autorinnen und Autoren ureigene Sprachpräferenzen, die sich dann bis in die Kommasetzung, Wortwahl und manche Schreibung auswirken.

Umschlagentwurf und Ausführung:
Copyright © Klaus Jans
Hauptschrift des Buches: Bodoni
Lektorat: KUUUK

ISBN 978-3-939832-18-8
Zweiter durchgesehener Druck Dezember 2021
[Erster Druck war im Mai 2010]
KUUUK Verlag und Medien Klaus Jans
Königswinter bei Bonn
Printed in Europe (EU)
K|U|U|U|K – Der Verlag mit 3 U
www.kuuuk.com

Alle Rechte [Copyright] © KUUUK Verlag – info@kuuuk.com

Für Dich und Euch
und
Gold, den Fisch!

MERKE:

Patienten sind nie
widerlich!

DER INHALT:

Ein alphabetisches
Stichwortregister
befindet sich
auf den letzten
Seiten des Buches
ab Seite 137

Kommt ein ***Herz*** zum Arzt. Sagt der Arzt: „Was kann ich für Sie tun?“ Sagt das Herz: „Könnten Sie mir was pumpen?“

~

Kommt ein ***Flugdrachen*** zum Arzt. Sagt der Arzt: „Sie sind ganz schön durch den Wind!“

~

Kommt ein ***Kotelett*** zum Arzt. Sagt der Arzt: „Kompliment! Ein sauberer Bruch.“

~

Kommt ein ***Sieb*** zum Arzt. Sagt der Arzt: „Was kann ich für Sie tun?“ Sagt das Sieb: „Hören Sie doch auf, mich so zu löchern.“

~

Kommt das ***Fett*** zum Arzt. Sagt der Arzt: „Soll ich Sie auf Diät setzen?“ Sagt das Fett: „Nein, danke. Ein Stuhl würde mir schon reichen.“

Kommt ein ***Fettarsch*** zum Arzt. Sagt der Arzt: „Soll ich Sie auf Diät setzen?" Sagt der Fettarsch: „Ich komme eigentlich wegen des Stuhlgangs."

~

Kommt der ***Durst*** zum Arzt. Sagt der Arzt: „Erst der Hunger. Dann der Durst!" Sagt der Durst: „Das machen Sie doch bloß, weil der Hunger der beste Koch ist." Sagt der Arzt: „Das stimmt nicht. Ich erleide doch gerade eine Durststrecke." Sagt der Durst: „Deshalb sehen Sie ja auch wie ein Hungerleider aus."

~

Kommt eine ***Spritze*** zum Arzt. Sagt der Arzt: „Was kann ich für Sie tun?" Sagt die Spritze: „Ich stecke mal wieder fest."

~

Kommt ein ***Orgasmus*** zum Arzt. Sagt der Arzt: „Warum sind Sie nicht eher gekommen?"

~

Kommt ein ***Orgasmus*** zum Arzt. Sagt der Arzt: „Warum sind Sie nicht öfter gekommen?"

Kommt ein ***Orgasmus*** zum Arzt. Sagt der Arzt: „Warum sind Sie nicht gemeinsam gekommen?“

~

Kommt eine ***Tomate*** zum Arzt. Sagt der Arzt: „Was kann ich für Sie tun?“ Sagt die Tomate: „Ich werde immer rot.“ Sagt der Arzt: „Das muss Ihnen nicht peinlich sein. Stellen Sie sich vor, Sie wären der Grünspan.“

~

Kommt ein ***Skelett*** zum Arzt. Sagt der Arzt: „Warum sind Sie denn nicht eher gekommen?“ [1]

~

Kommt eine ***Uhr*** zum Arzt. Sagt der Arzt: „Sie gehen aber langsam!“

---

[1] Ein Klassiker des Arztwitzes. Und genau deshalb wurde er in diesen Band aufgenommen. Er musste mit in das Buch. Das Kompliment geht an den/die uns unbekannte/n Erfinder/in dieses Witzes. Die Witze des Büchleins hier wurden allerdings (mit sehr wenigen Ausnahmen wie z. B. dieser hier) von Kammlader und Niering selbst ersonnen und geschaffen.

Kommt ein ***Autobahnkreuz*** zum Arzt. Sagt der Arzt: „Was kann ich für Sie tun?" Sagt das Autobahnkreuz: „Ich fühle mich so hundeelend!" Sagt der Arzt. „Das liegt an zu viel Verkehr!"

~

Kommt ein ***Mann*** zum Arzt. Sagt der Arzt: „Was kann ich für Sie tun?" Sagt der Mann: „Ich glaube, ich habe Gelbsucht." Sagt der Arzt: „Nie und nimmer!" Daraufhin lief der Mann vor Wut blau an.

~

Kommt ein ***Kreisel*** um Arzt. Sagt der Arzt: „Was kann ich für Sie tun?" Sagt der Kreisel: „Ich fühle mich total überdreht."

~

Kommt eine ***Schraube*** zum Arzt. Sagt der Arzt: „Was kann ich für Sie tun?" Sagt die Schraube: „Nichts! Ich fühle mich gerade ganz gelöst!"

~

Kommt eine ***Knackwurst*** zum Arzt. Sagt der Arzt: „Geht es nicht etwas leiser?"

Kommt ein ***Stock*** zum Arzt. Sagt der Arzt: „Was kann ich für Sie tun?" Sagt der Stock: „Ich bin ganz steif." Sagt der Arzt: „Manches Glied wäre da mehr als froh."

~

Kommt ***Dieter Bohlen*** zum Arzt. Sagt der Arzt: „Sie wirken so hölzern."

~

Kommt ein ***Zug*** am Rosenmontag zum Arzt. Da hängt an der Praxis ein Schild: „Sie sind auf dem falschen Gleis."

~

Kommt eine ***Kerze*** zum Arzt. Sagt der Arzt gekränkt: „Sie sind immer wieder mit meiner Tochter ausgegangen." Sagt die Kerze: „Ich war von Liebe ausgegangen."

~

Kommt ***Oskar Lafontaine*** zum Arzt. Sagt der Arzt: „Kommen Sie bitte durch die linke Tür!" Sagt Lafontaine: „Wieso? Ist doch nur eine da!" Sagt der Arzt: „Da komme ich nicht mehr mit!" Sagt Lafontaine: „Ich wollte Sie auch gar nicht mitnehmen!"

Kommt ein ***Beinamputierter*** zum Arzt. Sagt der Arzt: „Was kann ich für Sie tun?" Sagt der Amputierte: „Sie haben mich völlig auf dem falschen Fuß erwischt!"

~

Kommt ein ***Koch*** mit Glatze mit zum Arzt. Sagt der Arzt: „Was kann ich für Sie tun?" Sagt der Koch: „Sie finden doch jedes Haar in der Suppe."

~

Kommt eine ***Salatgurke*** zum Arzt. Sagt der Arzt: „Was kann ich für Sie tun?" Sagt die Salatgurke: „Die meisten Frauen schneiden mich oder spielen mit mir!"

~

Kommt ein ***CDU-ler*** zum Arzt. Sagt der Arzt: „Was kann ich für Sie tun?" Sagt der CDU-ler: „Mir wird immer schwarz vor Augen!" Sagt der Arzt: „Ich ärgere mich da immer schwarz!"

~

Kommt ein ***Vibrator*** zum Arzt. Sagt der Arzt: „Was kann ich für Sie tun?" Sagt der Vibrator: „Ich kann nicht richtig abschalten."

Kommt ein ***Sodomist*** zum Arzt. Sagt der Arzt: „Sie sehen ja tierisch aus!"

~

Kommt ***Guido Westerwelle*** zum Arzt. Sagt der Arzt: „Was kann ich für Sie tun?" Sagt Westerwelle: „Ich habe ständig Höhenangst." Sagt der Arzt: „Dann heben Sie doch nicht immer ab."

~

Kommt ein ***Neugeborenes*** zum Arzt. Sagt der Arzt: „Was kann ich für Sie tun?" Sagt das Neugeborene: „Ich kann überhaupt nicht saugen." Sagt der Arzt: „Dann bleiben Sie doch endlich mal auf dem Teppich."

~

Kommt ein ***Glied*** zum Arzt. Sagt der Arzt: „Was kann ich für Sie tun?" Sagt das Glied: „Ich möchte mich so gerne verändern!" Sagt der Arzt: „Dazu müssen Sie aber erst größer werden!"

~

Kommt eine ***Floristin*** zum Arzt. Sagt der Arzt: „Sie wissen, was Ihnen blüht!"

Kommt eine ***Schnecke*** zum Arzt. Sagt der Arzt: „Was kann ich für Sie tun?" Sagt die Schnecke: „Machen Sie auch Hausbesuche?"

~

Kommt ein ***Offizier*** zum Arzt. Sagt der Arzt: „Was kann ich für Sie tun?" Sagt der Offizier: „Etwas ist gebrochen!" Sagt Arzt:„Aber Sie haben doch Ihren Stab gar nicht dabei." Sagt der Offizier: „Aber mein Rückgrat."

~

Kommt ein ***FKK-ler*** zum Arzt. Sagt der Arzt: „Bei mir müssen Sie sich warm anziehen!"

~

Kommen ***Adam und Eva*** zum Arzt. Sagt der Arzt: „Die Schlange muss aber draußen bleiben." Sagt Adam: „Also, Eva, warte draußen und iss den Apfel!"

~

Kommt ein ***Blumenstrauß*** zum Arzt. Sagt der Arzt: „Was kann ich für Sie tun?" Sagt der Blumenstrauß: „Ich fühle mich von allem so abgeschnitten!"

Kommt ein ***Autofahrer*** zum Arzt. Sagt der Arzt: „Was kann ich für Sie tun?" Sagt der Autofahrer: „Ich überhole immer wieder rechts, obwohl es verboten ist." Sagt der Arzt: „Treten Sie doch endlich aus der NPD aus."

~

Kommt ein ***Skelett*** zum Arzt. Sagt der Arzt: „Also, Ihre Zähne sind ganz o. k., aber Ihr Zahnfleisch!?" [2]

~

Kommt ein ***Präsident*** zum Arzt. Sagt der Arzt: „Was kann ich für Sie tun?" Sagt der Präsident: „Ich wäre viel lieber ein Volk." Sagt der Arzt: „Wir auch!"

~

Kommt eine ***Pommes Frites*** zum Arzt. Sagt der Arzt: „Was kann ich für Sie tun?" Sagt die Pommes: „Fett absaugen, wie immer!"

---

[2] Auch das wohl ein Klassiker des Arztwitzes. Und genau deshalb wurde er in diesen Band aufgenommen. Das Kompliment geht an den/die uns unbekannte/n Erfinder/in dieses Witzes.

Kommt ein ***Holländer*** zum Arzt. Sagt der Arzt: „Was kann ich für Sie tun?" Sagt der Holländer: „Ich wäre so gerne Papst." Sagt der Arzt: „Sie wissen doch, dass es im Vatikan keinen Abstellplatz für Wohnwagen gibt."

~

Kommt ein ***Haus*** zum Arzt. Sagt der Arzt: „Wie können Sie es wagen, zu mir zu kommen?!" Fragt das Haus: „Wieso das denn?" Sagt der Arzt: „Sie sind hochgradig gefährdet. Ein Sturz ..."

~

Kommt eine ***Lawine*** zum Arzt. Sagt der Arzt: „Was kann ich für Sie tun?" Sagt die Lawine: „Ich bin so rollig!"

~

Kommt der ***Donner*** zum Arzt. Fängt der Arzt an zu grollen.

~

Kommt eine ***Kreditkarte*** zum Arzt. Sagt der Arzt: „Was kann ich für Sie tun?" Sagt die Kreditkarte: „Ich habe einen Menschen verloren."

Kommt ein ***Museum*** zum Arzt. Sagt der Arzt: „Was kann ich für Sie tun?“ Sagt das Museum: „Das weiß ich ja auch nicht. Es hat lange keine Ausstellung mehr gegeben!“ Sagt der Arzt: „Dann zahlen Sie doch heute mal mit Scheck!“

~

Kommt ein ***Mensch*** zum Arzt. Sagt der Arzt: „Der Veterinär ist einige Häuser weiter!“

~

Kommt ***Radio Eriwan*** zum Arzt. Sagt der Arzt: „Den Witz kenne ich schon.“

~

Kommt ein ***abgedroschener Witz*** zum Arzt. Sagt der Arzt: „Das ist nicht zum Lachen!“

~

Kommt ein ***dreckiger Witz*** zum Arzt. Sagt der Arzt: „Was kann ich für Sie tun?“ Sagt der Witz: „Ich bräuchte wohl eine Generalreinigung!“ Sagt der Arzt: „Im Gegenteil: Stecken Sie sich Ihre miese Pointe doch endlich mal in den Arsch!“

Kommt eine ***Zitrone*** zum Arzt. Sagt der Arzt: „Was kann ich für Sie tun?“ Sagt die Zitrone: „Ich wollte den bekannten Witz einmal aus Ihrem Munde hören!“ Sagt der Arzt: „Welchen denn? Ich werde gleich wirklich sauer!“

~

Kommt ein ***Kontoauszug*** zum Arzt. Sagt der Arzt: „Was kann ich für Sie tun?“ Sagt der Kontoauszug: „Ich komme immer so negativ rüber.“ Sagt der Arzt: „Dabei sind Sie doch die totale Null.“

~

Kommt der ***Tod*** zum Arzt. Sagt der Arzt: „Was kann ich für Sie tun?“ Sagt der Tod: „Ich möchte endlich sterben!“ Sagt der Arzt: „Das hatten wir doch schon!“

~

Kommt ein ***Faulpelz*** zum Arzt. Sagt der Arzt: „Was kann ich für Sie tun?“ Sagt der Faulpelz: „Nichts.“

~

Kommt ein ***Kippfenster*** zum Arzt. Sagt der Arzt: „Sie müssen sich mir nicht öffnen!“

Kommt ein ***Verbrecher*** zum Arzt. Sagt der Arzt: „Ich bin ziemlich gefasst. Aber das kann man von Ihnen wohl nicht behaupten."

~

Kommt eine ***Knackwurst*** zum Arzt. Sagt der Arzt: „Was kann ich für Sie tun?" Sagt die Knackwurst: „Mich stört mein Image." Sagt der Arzt: „Wollen Sie denn lieber eine Bratwurst sein?" Sagt die Knackwurst: „Nee, dazu habe ich keinen Bock!" Sagt der Arzt: „Und eine Bockwurst?" Sagt die Knackwurst: „Nee, dazu habe ich keinen Brat."

~

Kommt ***Jesus Christus*** zum Arzt. Sagt der Arzt: „Was kann ich für Sie tun?" Sagt Jesus: „Mein Kreuz tut mir so weh." Sagt der Arzt: „Und mit den Nägeln ist noch alles o. k.?"

~

Kommt eine ***weiße Weste*** zum Arzt. Sagt der Arzt: „Die hätte ich auch gern!", und schreibt eine Rechnung über 420 Euro. Sagt die Weste: „Soll ich mich schwarzärgern?" Sagt der Arzt: „Ja, aber bleiben Sie danach hier. Die Rechnung hat sich ja schon gewaschen!"

Kommt ***Schnee*** zum Arzt. Sagt der Arzt: „Was kann ich für Sie tun?“ Sagt der Schnee: „Ich möchte gerne schwarz sein!“ Sagt der Arzt: „Sie denken jetzt, ich sage: ‚Ich weiß!‘ Aber das stimmt gar nicht.“ Sagt der Schnee: „Ich verstehe Sie sehr gut. Ich ärgere mich ja auch nicht schwarz, wenn Sie nicht ‚Ich weiß‘ sagen.“

~

Kommt ein ***Mann*** zum Arzt. Sagt der Arzt: „Da kann ja jeder kommen!“

~

Kommt ein ***Kanadier*** zum Arzt. Sagt der Arzt: „Wenn Sie erwarten, dass ich ein Rassist bin, dann haben Sie sich aber gründlich vertan, Sie Kanacke, Sie!“

~

Kommt der ***Kern*** zum Arzt. Sagt der Arzt: „Was kann ich für Sie tun?“ Sagt der Kern: „Ich möchte gerne einen Apfel um mich haben!“ Sagt der Arzt: „Sie verwechseln mich mit einem Pudel.“ Sagt der Kern: „Und Sie verwechseln mich mit Goethes Faust.“ Sagt der Arzt: „Soll dieser Witz etwa nur für Germanisten sein?“

Kommt ein ***Polizist*** zum Arzt. Sagt der Arzt: „Was kann ich für Sie tun?“ Sagt der Polizist: „Ich komme wegen der Schmerzen.“ Sagt der Arzt: „Haben Sie Ihren Schlagstock dabei? Dann her damit!“

~

Kommt ein ***Reifen*** zum Arzt. Sagt der Arzt: „Das ist aber abgefahr’n.“

~

Kommt ein ***Engel*** zum Arzt. Sagt der Arzt: „Was kann ich für Sie tun?“ Sagt der Engel: „Ich würde gerne fliegen!“ Sagt der Arzt: „Sind Sie denn überhaupt bei mir angestellt?“

~

Kommt der ***Müll*** zum Arzt. Sagt der Arzt: „Warum haben Sie noch nie etwas gegen den Gestank unternommen?“ Sagt der Müll: „Habe ich doch. Ich wechsle jeden Tag die Windeln.“

~

Kommt eine ***Tabelle*** zum Arzt. Sagt der Arzt: „Ausgerechnet Sie!“

Kommt ein ***Baby*** zum Arzt. Sagt der Arzt: „Wieso schreien Sie so?“ Sagt das Baby: „Sie können mich ruhig duzen!“

~

Kommt eine ***Bibel*** zum Arzt. Sagt der Arzt: „Ein Buch also?!“ Sagt die Bibel: „Ihnen ist aber auch nichts heilig!“

~

Kommt ein ***Bär*** zum Arzt. Sagt der Arzt: „Was kann ich für Sie tun?“ Sagt der Bär: „Ich würde gerne steppen wie ein Bär.“ Sagt der Arzt: „Für mich kein Problem! Ich mache gerade eine Umschulung zur Nähmaschine.“

~

Kommt ein ***Erfinder*** zum Arzt. Sagt der Arzt: „Was fällt Ihnen ein?!“

~

Kommt die ***Freude*** zum Arzt. Sagt der Arzt: „Was kann ich für Sie tun?“ Sagt die Freude: „Ich möchte gerne, dass Sie laut lachen!“ Sagt der Arzt: „Ha ha. – Und lassen Sie sich für Morgen wieder einen neuen Termin geben.“

Kommt ein ***Ostfriese*** zum Arzt. Sagt der Arzt: „Was kann ich für Sie tun?" Sagt der Ostfriese: „Ich möchte gerne meinen Nerz ausziehen." Sagt der Arzt: „Ich weiß, was ein Ostfriesennerz ist!" Sagt der Ostfriese: „Und warum darf ich den dann nicht ausziehen?" Sagt der Arzt: „Weil das hier doch kein Ostfriesenwitz ist."

~

Kommt ***Marmelade*** zum Arzt. Sagt der Arzt: „Was kann ich für Sie tun?" Sagt die Marmelade: „Ich bin so klebrig!" Sagt der Arzt: „Ist doch gut so. An Ihnen macht sich keiner die Finger schmutzig."

~

Kommt ein ***Magen*** zum Arzt. Sagt der Arzt: „Dass Sie kommen, stößt mir richtig sauer auf!"

~

Kommt ein ***Stier*** zum Arzt. Sagt der Arzt: „Was kann ich für Sie tun?" Sagt der Stier: „Ich möchte was auf die Hörner nehmen." Sagt der Arzt: „Dieses Medikament verschreiben wir schon lange nicht mehr!"

Kommt die ***Woche*** zum Arzt. Sagt der Arzt: „Was kann ich für Sie tun?“ Sagt die Woche: „Ich möchte gerne meine Tage haben!“ Sagt der Arzt: „Da gehen Sie besser zum Gynäkologen.“

~

Kommt der ***Frühling*** zum Arzt. Sagt der Arzt: „Was kann ich für Sie tun?“ Sagt der Frühling: „Bei mir geht bald wieder vieles auf!“ Sagt der Arzt: „Hoffentlich bald auch ein Licht – wegen Ihrer Rechnung!“

~

Kommt eine ***Rechnung*** zum Arzt. Sagt der Arzt: „Was kann ich für Sie tun?“ Sagt die Rechnung: „Ich gehe noch nicht auf.“ Sagt der Arzt: „Dann gebe ich Ihnen noch etwas Hefe mit.“

~

Kommt eine ***Wolke*** zum Arzt. Sagt der Arzt: „Was kann ich für Sie tun?“ Sagt die Wolke: „Ich möchte gerne schweben!“ Sagt der Arzt: „Schon mal was von Wuppertal gehört?“ Sagt die Wolke: „Meine Bahncard gilt nicht für die Schwebebahn.“

Kommen ***Haare*** zum Arzt. Sagt der Arzt: „Was kann ich für Sie tun?“ Sagen die Haare: „Wir sind ganz durcheinander!“

~

Kommt die ***Vergangenheit*** zum Arzt. Sagt der Arzt: „In Zukunft kommen Sie aber rechtzeitig.“

~

Kommt das ***Gewicht*** zum Arzt. Sagt der Arzt: „Was kann ich für Sie tun?“ Sagt das Gewicht: „Das ist schwer zu sagen. Es fällt mir nicht leicht.“

~

Kommt die ***Welt*** zum Arzt. Sagt der Arzt: „Was kann ich für Sie tun?“ Sagt die Welt: „Dies und das!“ Sagt der Arzt: „Das war aber überaus global gesprochen.“

~

Kommt ein ***Segel*** zum Arzt. Sagt der Arzt: „Was kann ich für Sie tun?“ Sagt das Segel: „Ich möchte gerne mit meinem Boot in See stechen!“ Sagt der Arzt: „Dann nehmen Sie doch ein Messer mit.“

Kommt ***Jürgen*** zum Arzt. Sagt der Arzt: „Was kann ich für Sie tun?" Sagt Jürgen: „Sie könnten mich duzen!" Sagt der Arzt: „Dann müsste ich Sie ja mit ‚Du' anreden, Herr Jürgen."

~

Kommt der ***Krieg*** zum Arzt. Sagt der Arzt: „Was kann ich für Sie tun?" Sagt der Krieg: „Ich möchte gerne aus allen Rohren schießen und feuern und so!" Sagt der Arzt: „Wir sind eine moderne Praxis. Bitte füllen Sie dazu erst den Antrag auf Kostenübernahme aus."

~

Kommt die ***Wonne*** zum Arzt. Sagt der Arzt: „Was kann ich für Sie tun?" Sagt die Wonne: „Ich bräuchte noch was!" Sagt der Arzt: „Ich weiß, den Proppen."

~

Kommt ein ***Blondinenwitz*** zum Arzt. Sagt der Arzt: „Was kann ich für Sie tun?" Sagt der Blondinenwitz: „Sie könnten mir die Haare von blond auf blond umfärben." Sagt der Arzt: „Das muss ich unbedingt mal den Schräg-Arzt-Witzen erzählen."

Kommt das ***Geld*** zum Arzt. Sagt der Arzt: „Was kann ich für Sie tun?" Sagt das Geld: „Ich möchte mehr werden!" Sagt der Arzt: „Dann kommen Sie doch regelmäßig zu mir!"

~

Kommt eine ***Pipette*** zum Arzt. Sagt der Arzt: „Was kann ich für Sie tun?" Sagt die Pipette: „Ich möchte benutzt werden!" Sagt der Arzt: „Das kam in meiner Ausbildung nie vor." Fleht die Pipette: „Ein Tröpfchen würde doch schon reichen!"

~

Kommt das ***Holz*** zum Arzt. Sagt der Arzt: „Was kann ich für Sie tun?" Sagt das Holz: „Ich brenne für Sie!" Sagt der Arzt: „Asche kann ich immer gebrauchen."

~

Kommt ein ***Bett*** zum Arzt. Sagt der Arzt: „Sie kommen mir aber ungelegen."

~

Kommt der ***Knast*** zum Arzt. Sagt der Arzt: „Was kann ich für Sie tun?" Sagt der Knast: „Ich bin immer so befangen!"

Kommt der ***Heiland*** zum Arzt. Sagt der Arzt: „Ach. Endlich mal wieder 'ne Fortbildung!“

~

Kommt ein ***Maler*** zum Arzt. Sagt der Arzt: „Was kann ich für Sie tun?“ Sagt der Maler: „Ich glaube, mit mir geht es bald zu Ende.“ Sagt der Arzt: „Nein, nein, Sie dürfen nicht die Segel streichen.“

~

Kommt der ***Wald*** zum Arzt. Sagt der Arzt: „Was kann ich für Sie tun?“ Sagt der Wald: „Ich kann mich vor lauter Bäumen nicht mehr sehen!“ Sagt der Arzt: „Dann werden Sie doch einfach leiser!“

~

Kommt eine ***Frau*** zum Arzt. Sagt der Arzt: „Was kann ich für Sie tun?“ Sagt die Frau: „Puh! Ich muss jeden Tag 12 Kilometer mit meinen Hunden laufen.“ Sagt der Arzt: „Besser mit den Hunden laufen ... als vor die Hunde gehen!“

~

Kommt ***„Vom Winde verweht“*** zum Arzt. Sagt der Arzt: „Hier zieht's aber!“

Kommt ein ***Dürrer*** zum Arzt. Sagt der Arzt: „Was kann ich für Sie tun?“ Sagt der Dürre: „Ich fall vom Fleisch!“ Sagt der Arzt: „Moment, da muss ich erst einmal Handfeger und Kehrblech holen.“

~

Kommt der ***Kunde*** zum Arzt. Sagt der Arzt: „Was kann ich für Sie tun?“ Sagt der Kunde: „Ich bin total bedient!“

~

Kommt ein ***Thunfisch*** zum Arzt. Sagt der Arzt: „Was kann ich für Sie tun?“ Sagt der Thunfisch: „Ich komme direkt aus der Dose!“ Sagt der Arzt: „Das kommt mir nicht in die Tüte!“

~

Kommt ein ***Schwein*** zum Arzt. Sagt der Arzt: „Was kann ich für Sie tun?“ Sagt das Schwein: „Ich möchte gerne richtig fies sein!“ Sagt der Arzt: „Da sind Sie bei mir genau richtig. Sie blöder Hund!“

~

Kommt die ***Krücke*** zum Arzt. Sagt der Arzt: „Sie gehen ja am Stock!“

Kommt die ***Wenigkeit*** zum Arzt. Sagt der Arzt: „Was kann ich für Sie tun?“ Sagt die Wenigkeit: „Sie könnten mich anreden!“ Sagt der Arzt. „Und, wie geht es Eurer Wenigkeit heute?!“ Sagt die Wenigkeit: „Wie soll eine Wenigkeit zum Adel gehören? Das geht doch nicht! Das dürfen Sie nicht sagen!“ Sagt der Arzt: „Und warum sollte ein Arzt so einen Quatsch auch noch anständig behandeln?“

~

Kommt ein ***werdender Satz*** zum Arzt. Sagt der Arzt: „Was kann ich für Sie tun?“ Sagt der werdende Satz: „Ich Mutter sein wollen.“ Sagt der Arzt: „In Zukunft kommen Sie bitte gebeugt.“

~

Kommt ein ***Ventil*** zum Arzt. Sagt der Arzt: „Was kann ich für Sie tun?“ Sagt das Ventil: „Ich glaube, ich bin nicht ganz dicht!“

~

Kommt eine ***Uhr*** zum Arzt. Sagt der Arzt: „Was kann ich für Sie tun?“ Sagt die Uhr: „Ich ticke richtig.“ Sagt der Arzt: „Das habe ich befürchtet. Und wovon soll ich jetzt leben?“

Kommt eine ***Uhr*** zum Arzt. Sagt der Arzt: „Was kann ich für Sie tun?“ Sagt die Uhr: „Ich gehe falsch!“ Sagt der Arzt: „Ich würde Ihnen gerne helfen. Aber leider bin ich kein Orthopäde geworden!“

~

Kommt der ***Anstand*** zum Arzt. Sagt der Arzt: „Was kann ich für Sie tun?“ Sagt der Anstand: „Ich habe was mit meinen Füßen!“ Sagt der Arzt: „Sie müssen die deutsche Sprache nicht immer so wörtlich nehmen.“

~

Kommt ein ***Weißbier*** zum Arzt. Sagt der Arzt: „Was kann ich für Sie tun?“ Sagt das Weißbier: „Trinken Sie mich in einem Zuge aus!“ Sagt der Arzt: „Ich kann die Praxis jetzt unmöglich verlassen.“

~

Kommt eine ***Krankheit*** zum Arzt. Sagt der Arzt: „Warum brechen Sie immer wieder aus?!“ Sagt die Krankheit: „Die Schlösser im Tierpark sind marode.“ Sagt der Arzt: „Und warum kommen die Schlösser nicht in meine Praxis?“

Kommt ein ***Wunder*** zum Arzt. Sagt der Arzt: „Was kann ich für Sie tun?" Sagt das Wunder: „Mich gibt es immer wieder." Sagt der Arzt: „Das hat die Ebstein auch schon gesungen, ohne mich damit zu beeindrucken."

~

Kommt ein ***Mönch*** zum Arzt. Sagt der Arzt: „Was kann ich für Sie tun?" Sagt der Mönch: „Ach, du lieber Gott! Das habe ich vergessen." Sagt der Arzt: „Dann fragen Sie ihn doch noch mal."

~

Kommt ein ***Klavier*** zum Arzt. Sagt der Arzt: „Was kann ich für Sie tun?" Sagt das Klavier: „Schauen Sie nur auf meine Tasten. Die einen sehen so aus, die anderen so!" Sagt der Arzt: „Was soll denn die Orgel sagen, Sie Pfeife?"

~

Kommt ein ***Geist*** zum Arzt. Sagt der Arzt: „Was kann ich für Sie tun?" Sagt der Geist: „Ich spüre nichts!" Sagt der Arzt: „Sie sind der erste, den ich behandeln muss, weil er keine Schmerzen hat."

Kommt ein ***Fußballer*** zum Arzt. Sagt der Arzt: „Kein Problem. Wir sind doch alle ein bisschen balla balla."

~

Kommt eine ***Meute*** zum Arzt. Sagt der Arzt: „Was kann ich für Sie tun?" Sagt die Meute: „Wir sind zu viele!" Sagt der Arzt: „Wir Ärzte doch auch!"

~

Kommt eine ***Crêpe*** zum Arzt. Sagt der Arzt: „Sie haben doch einen an der Waffel!"

~

Kommt ein ***Wahrsager*** zum Arzt. Sagt der Arzt: „Was kann ich für Sie tun?" Sagt der Wahrsager: „Ich weiß, wer's wird." Sagt der Arzt: „Wer wird denn Wirt? Ich kann es ja kaum sein. Da kommt nichts rum."

~

Kommt der ***Untergang*** zum Arzt. Sagt der Arzt: „Was kann ich für Sie tun?" Sagt der Untergang: „Sie müssen mich aufhalten!" Sagt der Arzt: „Ich denke gar nicht daran. Ohne Sie gäbe es keine Erfolge."

Kommt die ***Titanic*** zum Arzt. Sagt der Arzt: „Was kann ich für Sie tun?“ Sagt die Titanic: „Ich fühle mich wie ein Wrack.“ Sagt der Arzt: „Der Sache gehen wir auf den Grund.“

~

Kommt die ***Tür*** zum Arzt. Sagt der Arzt: „Was kann ich für Sie tun?“ Sagt die Tür: „Sie müssen mich aufhalten!“ Sagt der Arzt: „Mit Wahnsinnigen wie Ihnen habe ich längst abgeschlossen.“

~

Kommt eine ***Hornisse*** zum Arzt. Sagt der Arzt: „Was kann ich für Sie tun?“ Sagt die Hornisse: „Ich brauch' Ihr Pferd, um endlich zuzustechen.“ Sagt der Arzt: „Sie kommen wie gerufen. Das Pferd tritt mich nämlich gerade.“

~

Kommt eine ***Katze*** zum Arzt. Sagt der Arzt: „Miau spreche ich nicht.“ Sagt die Katze: „Das ist aber schade. Denn Wau-Wau kann ich wiederum nicht!“ Sagt der Arzt: „Ist nicht so schlimm. Ich habe auch ein Prädikatsexamen in Kikeriki!“

Kommt ein ***Kegel*** zum Arzt. Sagt der Arzt: „Was kann ich für Sie tun?“ Sagt der Kegel: „Ich habe Angst vorm Umfallen!“ Sagt der Arzt: „Haben Sie schon mal an eine Umschulung zum Stehaufmännchen gedacht?“

~

Kommt ein ***Schwan*** zum Arzt. Sagt der Arzt: „Was kann ich für Sie tun?“ Sagt der Schwan: „Ich muss immer sterben.“ Sagt der Arzt: „Dann hören Sie doch mit dem Ballett auf.“

~

Kommt eine ***Masurka*** zum Arzt. Sagt der Arzt: „Was kann ich für Sie tun?“ Sagt die Masurka: „Ich tanze immer aus der Reihe.“ Sagt der Arzt: „Haben Sie es schon mal mit der Polonaise versucht?!“

~

Kommt ***Lothar Matthäus*** zum Arzt. Sagt der Arzt: „Was kann ich für Sie tun?“ Sagt Matthäus: „Ich komme nicht mit den Frauen klar.“ Sagt der Arzt: „Haben ’se ’se noch alle?“

Kommt die ***Nixe*** zum Arzt. Sagt der Arzt: „Was kann ich für Sie tun?“ Sagt die Nixe: „Mein Schwanz ist zu lang.“ Sagt der Arzt: „Von meinem möchte ich gar nicht erst reden!“ Sagt die Nixe: „Ich wollte mit Ihnen ja auch nicht vögeln.“

~

Kommt ein ***graues Pferd*** zum Arzt. Sagt der Arzt: „Was kann ich für Sie tun?“ Sagt das Pferd: „Ah!“ Sagt der Arzt: „Sie haben das i vergessen, Sie Esel!“

~

Kommt ein ***Boxer*** zum Arzt. Sagt der Arzt: „Was kann ich für Sie tun?“ Sagt der Boxer: „Ich fühle mich total k. o.“ Sagt der Arzt: „Aber sonst sind Sie o. k.?“

~

Kommt ein ***Ohr*** zum Arzt. Sagt der Arzt: „Was kann ich für Sie tun?“ Sagt das Ohr: „Wie bitte?!“ Sagt der Arzt: „Offenbar nichts! – Das macht 1000 Euro.“ Sagt das Ohr: „Ich verstehe wohl nicht richtig! 1000 Euro? Sie spinnen doch!“ Sagt der Arzt: „Na also. Es geht doch!“

Kommt eine ***ganz schlimme, anstecken-de Krankheit*** zum Arzt. Fragt der Arzt: „Wollen Sie denn für immer bei mir bleiben?“ Sagt die Krankheit: „Nein. Dann würde ich ja nie gesund!“

~

Kommt eine ***Sexsüchtige*** zum Arzt. Sagt der Arzt: „Was kann ich für Sie tun?“ Sagt die Sexsüchtige: „Nehmen Sie mich, wie ich bin.“

~

Kommt der ***Wahn*** zum Arzt. Sagt der Arzt: „Was kann ich für Sie tun?“ Sagt der Wahn: „Heilen Sie mich!“ Sagt der Arzt: „Das macht doch keinen Sinn!“

~

Kommt ein ***Gott*** zum Arzt. Sagt der Arzt: „Wer's glaubt, wird selig.“

~

Kommt eine ***Ros'*** zum Arzt. Sagt der Arzt: „Was kann ich für Sie tun?“ Sagt die Ros': „Ich weiß nicht, wo ich entsprungen bin.“ Sagt der Arzt: „Dann bringen Sie doch bitte direkt Ihren Gefängniswärter mit!“

Kommt ein ***Heiratsschwindler*** zum Arzt. Sagt der Arzt: „Was kann ich für Sie tun?" Sagt der Heiratsschwindler: „Ich schaffe es einfach nicht, mich auf eine einzige Frau zu beschränken!" Sagt der Arzt: „Ich könnte ja mal meine fragen. Sylvia, Lolita, Marijana, Liliana! Kommt ihr mal!"

~

Kommt ein ***dreckiger Witz*** zum Arzt. Sagt der Arzt: „Was wollen Sie eigentlich andauernd hier? Sie sind doch nicht ganz sauber!" Sagt der dreckige Witz: „Ich wasche mich aber jeden Tag!"

~

Kommen ***20 Cent*** zum Arzt. Sagt der Arzt: „Was kann ich für Sie tun?" Sagen die 20 Cent: „Keine Idee?" Sagt der Arzt: „Doch. Aber meinen Friseur rufe ich schon lange mit dem Handy an!"

~

Kommt ein ***Verurteilter*** zum Arzt. Sagt der Arzt: „Was kann ich für Sie tun?" Sagt der Verurteilte: „Herr Doktor, das letzte Gericht war nicht gut !"

Kommt ein ***futuristisches Denkmal*** zum Arzt. Sagt der Arzt: „Was kann ich für Sie tun?" Sagt das Denkmal: „Ich bin immer so wibbelig. Ich kann gar nicht mehr ruhig stehen bleiben." Sagt der Arzt: „Vielleicht stehen Sie ja unter Strom!" Sagt das Denkmal: „Ja, ja, das kann sein. Man nennt mich ja auch andauernd ‚Staubsauger'!" Sagt der Arzt: „Dann sind Sie vielleicht gar kein futuristisches Denkmal."

~

Kommt ein ***Widder*** zum Arzt. Sagt der Arzt: „Was kann ich für Sie tun?" Sagt der Widder: „Mein Horoskop ... " Unterbricht der Arzt: „Ich vertraue nur den Sternzeichen, die ich noch nicht behandelt habe."

~

Kommt ein ***Segen*** zum Arzt. Sagt der Arzt: „Was für ein Segen!"

~

Kommt ein ***Weg*** zum Arzt. Sagt der Arzt: „Was kann ich für Sie tun?" Sagt der Weg: „In welche Richtung soll es gehen?!" Sagt der Arzt: „Das ist nicht Ihr Problem. Der Weg ist das Ziel!"

Kommt ein ***Ess-Service*** zum Arzt. Sagt der Arzt: „Sie haben einen Sprung in der Schüssel!"

~

Kommt der ***Pullover*** zum Arzt. Sagt der Arzt: „Ist das jetzt 'ne neue Masche?"

~

Kommt eine ***Probe*** zum Arzt. Sagt der Arzt: „Was kann ich für Sie tun?" Sagt die Probe: „Probieren! Ist doch klar!" Sagt der Arzt: „Und nachher behaupten Sie dann, Ihr Arzt wäre Kannibale. Das kennen wir doch!"

~

Kommt eine ***Schräge*** zum Arzt. Sagt der Arzt: „Das war ja klar, dass gerade Sie kommen."

~

Kommt ein ***Scheich*** zum Arzt. Sagt der Arzt: „Was kann ich für Sie tun?" Sagt der Scheich: „Mein Turban klemmt!" Sagt der Arzt: „Ohne Reißverschluss läuft bei mir gar nichts!" Sagt der Scheich: „Dann machen Sie doch erst einmal die Hose zu!"

Kommt der ***Mut*** zum Arzt. Sagt der Arzt: „Was kann ich für Sie tun?“ Sagt der Mut: „Ich weiß auch nicht.“ Sagt der Arzt: „Stellen Sie sich mal!“ Sagt der Mut: „Auf die Probe?“ Sagt der Arzt: „Nein, auf die Waage!“

~

Kommt ein ***ehemaliger STASI-Mitarbeiter*** zum Arzt. Sagt der Arzt: „Was kann ich für Sie tun?“ Singt der STASI-Mitarbeiter: „Auf der Mauer, auf der Lauer sitzt 'ne kleine Wanze!“ Sagt der Arzt: „Darf ich Sie abhören?“

~

Kommt ein ***Hals*** zum Arzt. Sagt der Arzt: „Was kann ich für Sie tun?“ Sagt der Hals: „Ich hab so 'nen Hals auf meine Frau!“ Sagt der Arzt: „Und Ihre Frau?“ Sagt der Hals: „Die muss alles schlucken!“

~

Kommt ein ***angehender Professor*** zum Arzt. Sagt der Arzt: „Was kann ich für Sie tun?“ Sagt der angehende Professor: „Ich warte auf meine Habilitation!“ Sagt der Arzt: „Sie haben's gut. Ich warte immer noch auf meine Rehabilitation!“

Kommt ein ***Glöckner*** zum Arzt. Sagt der Arzt: „Was kann ich für Sie tun?" Sagt der Glöckner: „Bim Bam!" Sagt der Arzt: „Unsere Logopädin, Frau Notre-Dame, ist leider in dieser Woche auf Urlaub."

~

Kommt eine ***Qualle*** zum Arzt. Sagt der Arzt: „Was kann ich für Sie tun?" Sagt die Qualle: „Das wissen Sie doch!" Sagt der Arzt: „Iiiiiiiiiiiiiiiiiiiiiiiih!" Sagt die Qualle: „Danke, das war ganz nett. Aber seit wann gibt's denn kein ‚Gitt' mehr?!"

~

Kommt die ***Sonne*** zum Arzt. Sagt der Arzt: „Was kann ich für Sie tun?" Sagt die Sonne: „Pssst. Ich komme nur zum Schein."

~

Kommt ein ***Foto*** zum Arzt. Sagt der Arzt: „Sie haben sich gut entwickelt!"

~

Kommt eine ***Sprechstunde*** zum Arzt. Sagt der Arzt: „Was kann ich für Sie tun?" Sagt die Sprechstunde: „Halten Sie den Mund!"

Kommt eine ***Nachahmung*** zum Arzt. Sagt der Arzt: „Was kann ich für Sie tun?" Sagt die Nachahmung: „Das können Sie sich doch denken! Ich wäre gerne so wie Sie." Sagt der Arzt: „Das höre ich vom Imitat auch immer."

~

Kommt eine ***Mücke*** zum Arzt. Sagt der Arzt: „Der Elefant wartet schon."

~

Kommt ein ***Fuchs*** zum Arzt. Sagt der Arzt: „Was kann ich für Sie tun?" Sagt der Fuchs: „Nur weil ich ein Fuchs bin, nehmen sich alle Leute vor mir in Acht." Sagt der Arzt: „Das ist aber seltsam. – Ach ja: Treten Sie bitte in Vorkasse."

~

Kommt ein ***Dschungel*** zum Arzt. Sagt der Arzt: „Jetzt wird's mir aber zu wild!"

~

Kommt ein ***Pfarrer*** zum Arzt. Sagt der Arzt: „Was kann ich für Sie tun?" Sagt der Pfarrer: „Ich neige zum Abkanzeln!" Sagt der Arzt: „Dann sind Sie doch ziemlich gesund!"

Kommt ein ***Mann*** zum Arzt. Sagt der Arzt: „Was kann ich für Sie tun?“ Sagt der Mann: „Meine Frau hat mal wieder Reißaus genommen.“ Sagt der Arzt: „Ach so! Ich dachte, man könnte nur Hühner oder Fische ausnehmen.“

~

Kommt ein ***Voyeur*** zum Arzt. Sagt der Arzt: „Was kann ich für Sie tun?“ Sagt der Voyeur: „Herr Doktor, machen Sie, was Sie wollen. Solange ich Ihnen dabei zuschauen darf …!“

~

Kommt ein ***Spanner*** zum Arzt. Sagt der Arzt: „Was kann ich für Sie tun?“ Sagt der Spanner: „Ihre Schuhe würden mir fürs Erste schon reichen.“

~

Kommt die ***Flasche*** zum Arzt. Sagt der Arzt: „Was kann ich für Sie tun?“ Sagt die Flasche: „Sie haben mir schon dadurch geholfen, dass auch Sie eine Flasche sind.“ Sagt der Arzt: „Aber wer hat Sie dann von Ihren Komplexen geheilt?“

Kommt das ***letzte Gericht*** zum Arzt. Sagt der Arzt: „Was kann ich für Sie tun?" Sagt das letzte Gericht: „Fragen Sie lieber, was ich **für Sie** tun kann."

~

Kommt die ***Liebe*** zum Arzt. Sagt der Arzt: „Was kann ich für Sie tun?" Sagt die Liebe: „Sagen Sie statt ‚Der Nächste, bitte!' in Zukunft immer ‚Wie deinen Nächsten!' "

~

Kommt ***alles*** zum Arzt. Sagt der Arzt: „Oder nichts?!" Sagt alles: „Ich durfte die Fernsehsendung nie sehen." Sagt der Arzt: „Es hätte Ihnen auch nichts genützt."

~

Kommt die ***Wahl*** zum Arzt. Sagt der Arzt: „Was kann ich für Sie tun?" Sagt die Wahl: „Ich weiß nicht." Sagt der Arzt: „Dann machen wir das andere."

~

Kommt eine ***Flocke*** zum Arzt. Sagt der Arzt: „Hafer kommt auch gleich!" Sagt die Flocke: „Aber so eine bin ich nicht!"

Kommt ein ***verzweifelter Arbeitsloser*** zum Arzt. Sagt der Arzt mitfühlend: „Hartz IV gibt es für Sie noch nicht!" Sagt der Arbeitslose: „Strichnin denn?"

~

Kommt eine ***Maschine*** zum Arzt. Sagt der Arzt: „Was kann ich für Sie tun?" Sagt die Maschine: „Man hat mich total abgeschrieben." Sagt der Arzt: „Konnte man das nicht besser steuern?"

~

Kommt ein ***Konto*** zum Arzt. Sagt der Arzt: „Können Sie sich nicht etwas überziehen?!"

~

Kommt ein ***Anzug*** zum Arzt. Sagt der Arzt: „Was kann ich für Sie tun?" Sagt der Anzug: „Damit wir uns richtig verstehen: Mir kann niemand was anhaben!"

~

Kommt eine ***Neurose*** zum Arzt. Sagt der Arzt: „Warum gehen Sie nicht zum Blumenfachhandel?"

Kommt der ***Dunst*** zum Arzt. Sagt der Arzt: „Was kann ich für Sie tun?" Sagt der Dunst: „Öffnen Sie schnell die Fenster!" Sagt der Arzt: „Ich bin doch kein Aufreißer!"

~

Kommt ein ***Käse*** zum Arzt. Sagt der Arzt: „Den erzähle ich auch immer!"

~

Kommt ein ***Handstand*** zum Arzt. Sagt der Arzt böse: „Ziehen Sie gefälligst die Schuhe aus!" Sagt der Handstand: „Sie behandeln Ihre Patienten ja nicht gerade mit Samthandschuhen!"

~

Kommt das ***Gedächtnis*** zum Arzt. Sagt der Arzt: „Ihren Termin hätte ich fast vergessen!"

~

Kommt ***A*** zum Arzt. Sagt der Arzt: „B!"

~

Kommt ein ***Hering*** zum Arzt. Sagt der Arzt: „Was kann ich für Sie tun?" Sagt der Hering: „Das hat mich in der Nordsee noch niemand gefragt!"

Kommt ein ***Vater*** zum Arzt. Sagt der Arzt: „Was kann ich für Sie tun?“ Da wird der Vater wütend. Sagt der Arzt: „Warum versöhnen wir uns nicht?“ Sagt der Vater: „Weil ich kinderlos bin!“

~

Kommt ein ***Waise*** zum Arzt. Sagt der Arzt: „Wie klug!“ Sagt der Waise: „Soll ich es nicht doch lieber buchstabieren?“

~

Kommt ein ***halbes Hähnchen*** zum Arzt. Sagt der Arzt: „Kikeriki!“ Sagt das halbe Hähnchen: „Leider nein! Nach dem Grill ist nun mal nicht vor dem Grill!“

~

Kommt eine ***halbe Portion*** zum Arzt. Sagt der Arzt: „Und wie soll ich davon satt werden?“

~

Kommt der ***Humor*** zum Arzt. Sagt der Arzt: „Was kann ich für Sie tun?“ Sagt der Humor: „Totlachen geht doch wohl anders!“ Sagt der Arzt: „Darüber macht man keine Witze!“

Kommt die ***DDR-Fahne*** zum Arzt. Sagt der Arzt: „Was kann ich für Sie tun?“ Sagt die DDR-Fahne: „Ich habe beim Zirkeltraining Hammer und Ähre verloren.“

~

Kommt ***Jesus*** zum Arzt. Sagt der Arzt: „Was kann ich für Sie tun?“ Sagt Jesus: „Man erkennt mich nicht mehr.“ Sagt der Arzt: „Sie haben ja auch ihr Kreuz nicht dabei.“ Sagt Jesus: „Nageln Sie mich nicht immer wieder darauf fest!“

~

Kommt eine ***Magersüchtige*** zum Arzt. Sagt der Arzt: „Was kann ich für Sie tun?“ Sagt die Magersüchtige: „Ich finde Sie zum Kotzen!“

~

Kommt ein ***Mensch*** zum Arzt. Sagt der Arzt: „Was kann ich für Sie tun?“ Sagt der Mensch: „Ich habe gelesen, der Mensch bestünde zu 70 % aus Wasser.“ Sagt der Arzt: „Warum, meinen Sie, halte ich bei jedem Patienten Aufnehmer und Wassereimer bereit?!“

Kommt die ***Ehrlichkeit*** zum Arzt. Sagt der Arzt: „Das ist nicht wahr!!!"

~

Kommt ***Gold*** zum Arzt. Sagt der Arzt: „Was kann ich für Sie tun?" Sagt das Gold: „Nicht alles, was glänzt, ist auch Gold!" Da sagt der Arzt: „Wer hat Sie denn aufpoliert, Sie Kupferteilchen?"

~

Kommt eine ***Vergoldung*** zum Arzt. Sagt der Arzt: „Was kann ich für Sie tun?" Sagt die Vergoldung: „Ich bin so abgenutzt." Sagt der Arzt: „Sie haben ein massives Problem."

~

Kommt ein ***Medikament*** zum Arzt. Sagt der Arzt: „Was kann ich für Sie tun?" Sagt das Medikament: „Ich habe jetzt eine richtig tolle Beziehung!" Sagt der Arzt. „Wer hat Sie denn genommen?"

~

Kommt ein ***magersüchtiges Fotomodell*** zum Arzt. Sagt der Arzt: „Was kann ich für Sie tun?" – „Huch! Soeben war sie doch noch da!"

Kommt eine ***Frau*** zum Arzt. Sagt der Arzt: „Was kann ich für Sie tun?“ Sagt die Frau: „Kennen Sie sich mit Viagra aus?“ Sagt der Arzt: „Ist nicht nötig. Ich besorg's Ihnen.“

~

Kommt ***Viagra*** zum Arzt. Sagt der Arzt: „Was wollen Sie denn hier? Ich kann Sie hier nicht brauchen.“ Sagt Viagra: „Und gerade bei Ihnen dachte ich, ich könnte Ihnen eine Hilfe sein.“

~

Kommt eine ***Amputation*** zum Arzt. Sagt der Arzt: „Ich kann Sie heute absolut nicht ab!“

~

Kommt die ***Erregung*** zum Arzt. Sagt der Arzt: „Beruhigen Sie sich erst mal!“ Sagt die Erregung: „Aber Ihre Sprechstundenhilfe läuft da draußen splitternackt herum!“

~

Kommt ***niemand*** zum Arzt. Sagt der Arzt: „Auf diesen Scherz habe ich schon ewig gewartet!“

Kommt der ***Schmerz*** zum Arzt. Sagt der Arzt: „Was kann ich für Sie tun?“ Sagt der Schmerz: „Sobald ich Sie sehe, leide ich.“ Sagt der Arzt: „Ja, ich weiß. Ich sollte die Weiber nicht jeden Tag nageln.“

~

Kommt ein ***Video*** zum Arzt. Sagt der Arzt: „Was kann ich für Sie tun?“ Sagt das Video: „Ich müsste schneller laufen.“ Sagt der Arzt: „Das sagen die Verlierer beim New-York-Marathon auch immer.“

~

Kommt die ***Erektion*** zum Arzt. Sagt der Arzt: „Bleiben Sie, wie Sie sind.“ Sagt die Erektion: „Schön wär's!“

~

Kommt die ***Feuerwehr*** zum Arzt. Sagt der Arzt: „Was kann ich für Sie tun?“ Sagt die Feuerwehr: „Sie sollen nicht immer die Frauen so anmachen.“

~

Kommt der ***Amboss*** zum Arzt. Sagt der Arzt: „Das ist ja der Hammer!“

Kommt ***Wasser*** zum Arzt. Sagt der Arzt: „Sie sind überflüssig."

~

Kommt ein ***Gelöbnis*** zum Arzt. Sagt der Arzt: „Welchen Marsch soll ich Ihnen blasen?"

~

Kommt ein ***Offizier*** zum Arzt. Sagt der Arzt: „Was kann ich für Sie tun?" Sagt der Offizier: „Ich will nie mehr stramm stehen." Sagt der Arzt: „Das sagte der ‚Stramme Max' auch immer! Und dann hat man ihn in die Pfanne gehauen."

~

Kommt das ***Glück*** zum Arzt. Sagt der Arzt: „Was kann ich für Sie tun?" Sagt das Glück: „Es reicht mir schon, gleich dann wieder weg zu sein."

~

Kommt ein ***Bauer*** zum Arzt. Sagt der Arzt: „Was kann ich für Sie tun?" Sagt der Bauer: „Hatschi!" Sagt der Arzt: „Heuschnupfen schreibt man anders." Sagt der Bauer: „Anders als Heuschober?"

Kommt ***Helgoland*** zum Arzt. Sagt der Arzt zu sich selbst: „Klarer Fall von Inselbegabung."

~

Kommt das ***Lachen*** zum Arzt. Sagt der Arzt: „Ha ha!" Sagt das Lachen: „Das hat meine Mutter auch immer zu mir gesagt, aber es hat leider nichts geholfen."

~

Kommt das ***Getreide*** zum Arzt. Sagt der Arzt: „Das ist mir ein Ehre!"

~

Kommt ein ***mathematisch Hochbegabter*** zum Arzt. Sagt der Arzt: „Sie wissen doch selber, was Sie haben. Wozu brauchen Sie mich?" Sagt der Hochbegabte neidisch: „Sie können wenigstens noch 1 und 1 zusammenzählen! Bei mir fängt es bei 18953 Wurzel hoch 7,2 Periode 3 mal Phi geteilt durch 19,47 erst an."

~

Kommt die ***Diagnose*** zum Arzt. Sagt der Arzt: „Warum bleiben Sie nicht einfach bei mir?!"

Kommt die ***Sehnsucht*** zum Arzt. Sagt der Arzt: „Dann kann ich mir ja diese Woche den Kinobesuch mit meiner Edeltraud sparen!“ Sagt die Sehnsucht: „Wenn Sie sich so nach Geld sehnen, dann haben Sie wohl recht.“

~

Kommt ein ***Wal*** zum Arzt. Sagt der Arzt: „Warten Sie! Ich muss erst noch neue Praxisräume im Containerhafen anmieten.“ Sagt der Wal betrübt: „Das sagen alle Ärzte! Und deshalb bin ich wiederholt vollkommen ausgetrocknet.“ Sagt der Arzt: „Wäre es Ihnen denn lieber, wenn ich Sie als Kaktus behandeln würde?“ Sagt der Wal: „Eine bestechende Idee!“

~

Kommt ein ***Schinken*** zum Arzt. Sagt der Arzt: „Was kann ich für Sie tun?“ Sagt der Schinken: „Die letzten Monate habe ich total durchgehangen.“

~

Kommt eine ***Salami*** zum Arzt. Sagt der Arzt: „Was kann ich für Sie tun?“ Sagt die Salami: „Diese Einstiegsfrage ist wohl schon Teil Ihrer Scheibchentaktik.“

Kommt ein ***Tief*** zum Arzt. Sagt der Arzt: „Sie wollen bestimmt noch in den Wetterbericht. Aber da können Sie nicht auf meine Hilfe rechnen."

~

Kommt eine ***Weigerung*** zum Arzt. Sagt der Arzt: „Nicht mit mir!"

~

Kommt ein ***Rezept*** zum Arzt. Sagt der Arzt: „So etwas wie Sie würde ich nie ausstellen!" Sagt das Rezept: „Sind Sie denn im Nebenerwerb ein Museum?"

~

Kommt ***Papst Benedikt der Sechzehnte*** zum Arzt. Sagt der Arzt: „Was kann ich für Sie tun?" Sagt der Papst: „Schnupfen, Husten, Fieber. Ich fühle mich nur noch elend." Sagt der Arzt: „Sie haben Carzinoma Vulcosa, die siebzehnte!" Kontert der Papst: „Und Sie sind Kurpfuscher, der XXV."

~

Kommt ***Lotto*** zum Arzt. Sagt der Arzt: „So haben wir nicht gewettet."

Kommt der ***Frieden*** zum Arzt. Sagt der Arzt: „Und wozu brauchen Sie mich?" Sagt der Frieden: „Damit ich endlich mehr davon krieg."

~

Kommt die ***Verfügung*** zum Arzt. Sagt der Arzt: „Was kann ich für Sie tun?" Sagt die Verfügung: „Alles, was mir obliegt."

~

Kommt das ***Meer*** zum Arzt. Sagt der Arzt: „Wollen wir Sie nicht alle?! Zum Beispiel auf meinem Sparbuch?" Sagt das Meer: „Heute komme ich aber als Ebbe."

~

Kommt ein ***Chip*** zum Arzt. Sagt der Arzt: „Wer hat Sie denn verpflanzt?" Sagt der Chip: „Das Problem ist wohl eher, dass man mich zu viel begossen hat."

~

Kommt eine ***Niere*** zum Arzt. Sagt der Arzt: „Was kann ich für Sie tun?" Sagt die Niere: „Mir ist der Urin ausgegangen!" Sagt der Arzt: „Mit wem?"

Kommt ein ***Gen*** zum Arzt. Sagt der Arzt: „Was kann ich für Sie tun?“ Sagt das Gen: „Mein Sohn, erkennst du mich nicht?“

~

Kommt ein ***Skandal*** zum Arzt. Sagt der Arzt gütig: „Ich habe mich auch schon mal etwas daneben benommen!“ Sagt der Skandal: „Deshalb waren wir beide ja auch gestern zusammen in der BILD-Zeitung.“

~

Kommt ein ***Schaf*** zum Arzt. Sagt der Arzt: „Dolly?“

~

Kommt ***Herkules*** zum Arzt. Sagt der Arzt: „Was kann ich für Sie tun?“ Sagt Herkules: „Ich glaube, ich habe mich verhoben.“

~

Kommt die ***Mahlzeit*** zum Arzt. Sagt der Arzt: „Was kann ich für Sie tun?“ Sagt die Mahlzeit: „Ich verzehre mich nach Ihnen, Herr Doktor!“ Sagt der Arzt: „Müsste es nicht umgekehrt sein?!“ ... und holt Messer und Gabel.

Kommt die ***Nacht*** zum Arzt. Sagt der Arzt: „Es ist schon sehr spät. Ich glaube, ich muss jetzt die Praxis schließen." Dunkel war es draußen auf den Straßen, als die Nacht ausgeschlossen worden war. Sagt die Nacht: „Das ist der Nachteil aller Arztpraxen."

~

Kommt das ***Wissen*** zum Arzt. Sagt der Arzt: „Auf Sie habe ich schon ewig gewartet!"

~

Kommt der ***Kehlkopf*** zum Arzt. Sagt der Arzt: „Was kann ich für Sie tun?" Sagt der Kehlkopf: „Mir geht es nicht gut!" Sagt der Arzt: „Solange Sie noch sprechen können, kann es ja nicht so schlimm sein."

~

Kommt ein ***Warum*** zum Arzt. Sagt der Arzt: „Die Fragen stelle allein ich!"

~

Kommt ein ***Gen*** zum Arzt. Sagt der Arzt: „Was kann ich für Sie tun, Gen?" Sagt das Gen: „Ich verstehe immer nur ‚*Geh'n*'!" ... und verschwindet.

Kommt der ***Einbruch*** zum Arzt. Sagt der Arzt: „Und wer bezahlt mir jetzt die Reparatur der Fenster?"

~

Kommt ***jeder*** zum Arzt. Einer nach dem anderen. Sagt der Arzt: „Stellen Sie sich nicht so an!"

~

Kommt ein ***Hut*** zum Arzt. Sagt der Arzt: „Chapeau!" Sagt der Hut: „Seit wann muss man für einen Arztbesuch französisch sprechen können?"

~

Kommt der ***Gewinn*** zum Arzt. Sagt der Arzt: „Was kann ich für Sie tun?" Sagt der Gewinn: „Ich bin nicht legal." Sagt der Arzt: „Mein Titel ist doch auch nicht echt!"

~

Kommt eine ***LIDL-Verkäuferin*** zum Arzt. Sagt der Arzt: „Was kann ich für Sie tun?" Sagt die Verkäuferin: „Ich fühle mich immer so beobachtet!" Sagt der Arzt: „Das ist aber billig!"

Kommt ein ***Gelenk*** zum Arzt. Sagt der Arzt: „Was kann ich für Sie tun?" Sagt das Gelenk: „Ich hab wirklich ein Problem: Man verwechselt mich nun immer öfter mit einem Scharnier!" Sagt der Arzt: „Wollen Sie von mir die letzte Ölung?"

~

Kommt eine ***Schlange*** zum Arzt. Sagt der Arzt: „Sie können sich winden, solange Sie wollen. An meiner Diagnose ändert das gar nichts!"

~

Kommt ein ***Wanderer*** zum Arzt. Sagt der Arzt: „Tritt ein, aber bitte nicht die Tür!"

~

Kommt ein ***Notruf*** zum Arzt. Sagt der Arzt: „Darf ich Sie mal drücken? Sonst glaube ich nicht, dass der Witz hier wahr ist!"

~

Kommt die ***Gesellschaft*** zum Arzt. Sagt der Arzt: „Was kann ich für Sie tun?" Sagt die Gesellschaft: „Mir geht es überhaupt nicht gut. Ich fühle mich oft so allein."

Kommt der ***Wille*** zum Arzt. Sagt der Arzt: „Zäh sind Sie ja!"

~

Kommt ein ***grünes Blatt*** zum Arzt. Sagt der Arzt: „Was kann ich für Sie tun?" Sagt das Blatt: „Werde ich den Herbst noch erleben?" Sagt der Arzt: „Wenn Sie doch bloß nicht ausgerissen wären!"

~

Kommt ein ***Spion*** zum Arzt. Sagt der Arzt: „Was kann ich für Sie tun?" Sagt der Spion: „Das weiß ich noch nicht. Hauptsache, es bleibt unter uns."

~

Kommt ein ***Kuckuck*** zum Arzt. Sagt der Arzt: „Was kann ich für Sie tun?" Sagt der Kuckuck: „Ich weiß überhaupt nicht mehr, wo ich meine Eier gelegt habe!" Sagt der Arzt: „Kann es sein, dass Sie unter Demenz leiden?"

~

Kommt ein ***Ausreißer*** zum Arzt. Sagt der Arzt: „Bleiben Sie bloß von meinen Haaren!"

Kommt ein ***Frosch*** zum Arzt. Sagt der Arzt: „Was kann ich für Sie tun?" Sagt der Frosch: „Ich bin es satt, andauernd zu einem Prinzen zu mutieren!" Sagt der Arzt: „Dann dürfen Sie sich nicht mehr küssen lassen!" Sagt der Frosch: „Aber ich werde doch für die Prinzenrolle gebraucht, Sie Scherzkeks!"

~

Kommt ein ***Stollen*** zum Arzt. Sagt der Arzt: „Was kann ich für Sie tun?" Sagt der Stollen: „Mir geht es verdammt schlecht!" Sagt der Arzt: „Sie sollten den Abbau endlich einstellen."

~

Kommt eine ***Gitarre*** zum Arzt. Sagt der Arzt: „Was kann ich für Sie tun?" Sagt die Gitarre: „Herr Doktor, Sie kennen doch bereits alle Saiten von mir!"

~

Kommt eine ***Küche*** zum Arzt. Sagt der Arzt: „Was kann ich für Sie tun?" Sagt die Küche: „Könnten Sie es einrichten, mich heute noch einzubauen!" Sagt der Arzt: „Das passt mir leider gar nicht."

Kommt eine ***Blase*** zum Arzt. Sagt der Arzt: „Was kann ich für Sie tun?“ Sagt die Blase: „Ich platze gleich vor Neugier!“ Sagt der Arzt: „Ich kann Sie immer noch nicht befriedigen.“ Dann sagt die Blase: „Dann lasse ich von Ihnen ab.“

~

Kommt die ***Diktatur*** zum Arzt. Sagt der Arzt: „Was kann ich für Sie tun?“ Sagt die Diktatur: „Ich glaube, ich bin oft ziemlich ungerecht.“ Sagt der Arzt: „Für diese Aussage bekommen Sie 30 Tage Kerkerhaft bei Wasser und Brot.“ Sagt die Diktatur: „Sie gefallen mir: Ein guter Vorschlag!“

~

Kommt eine ***Ltd.***[3] zum Arzt. Sagt der Arzt: „Was kann ich für Sie tun?“ Sagt die Ltd.: „Alle wollen mich nur benutzen!“ Sagt der Arzt: „Das kommt, weil Sie so billig sind.“

---

[3] Ltd. steht für Limited, eine Kapitalgesellschaft nach britischem Recht, die in Deutschland zunehmend populärer wird. Die britische Limited kann theoretisch schon mit einem englischen Pfund Stammkapital gegründet werden. Das wirkt kaum vertrauenswürdig auf die Kunden.

Kommt ein ***Kredit*** zum Arzt. Sagt der Arzt: „Was kann ich für Sie tun?“ Sagt der Kredit: „Immer mehr können sich mich nicht leisten!“ Sagt der Arzt: „Sind Ihre Vorstellungen nicht vollkommen überzogen?“

~

Kommt ein ***Star*** zum Arzt. Sagt der Arzt: „Was kann ich für Sie tun?“ Sagt der Star: „Alle wollen mich singen hören. Wäre ich doch bloß eine Amsel geworden!“

~

Kommt das ***Ich*** zum Arzt. Sagt der Arzt: „Darf ich ‚Du‘ sagen?“

~

Kommt ein ***Hase*** zum Arzt. Sagt der Arzt: „Ich weiß von nichts!“

~

Kommt ein ***LKW*** zum Arzt. Sagt der Arzt: „Was kann ich für Sie tun?“ Sagt der LKW empört: „Aber das hört man doch schon an meinem Namen, dass etwas nicht mit mir in Ordnung ist.“ Sagt der Arzt: „Oh weh, oh weh!“

Kommt die ***Einsamkeit*** zum Arzt. Sagt der Arzt: „Was kann ich für Sie tun?" Sagt die Einsamkeit: „Wenn Sie mich in Ruhe ließen, wäre mir schon sehr geholfen."

~

Kommt eine ***Krankenschwester*** zum Arzt. Sagt der Arzt: „Und warum kommt Ihr Bruder nicht?!" Sagt die Krankenschwester: "Sie meinen den ‚Krankenbruder'? – Wegen des Verdachts auf Inzest!"

~

Kommt eine ***Vision*** zum Arzt. Sagt der Arzt: „Was kann ich für Sie tun?" Sagt die Vision: „Was erlauben Sie sich, mir diese Frage zu stellen?!"

~

Kommt eine ***Gitarre*** zum Arzt. Sagt der Arzt: „Sagen Sie bitte nicht, Sie seien wieder mal verstimmt!"

~

Kommt ein ***Eis*** zum Arzt. Sagt der Arzt: „Ich schmelze dahin!" Sagt das Eis: „Den Witz machen alle!"

Kommt die ***Geltung*** zum Arzt. Sagt der Arzt: „Was kann ich für Sie tun?“ Sagt die Geltung: „Wäre eine kleine Verbeugung zu viel verlangt?“

~

Kommt ein ***Priester*** zum Arzt. Sagt der Arzt: „Was kann ich für Sie tun?“ Sagt der Priester: „Sie könnten mir die Beichte abnehmen.“ Sagt der Arzt: „Aber wie denn? Sie sind haben doch gar kein Übergewicht.“ Sagt der Priester: „Nach dem Ablegen der Beichte bin ich deutlich erleichtert.“

~

Kommt eine ***Wohltat*** zum Arzt. Sagt der Arzt: „Ach wie schön!“

~

Kommt die ***Krankenkasse*** zum Arzt. Sagt der Arzt: „Ich kann sie unmöglich behandeln. Das rechnet sich nicht.“

~

Kommt die ***Pest*** zum Arzt. (Die Praxis wurde sofort – und zudem für alle Zeit geschlossen.)

Kommt das ***Benzin*** zum Arzt. Sagt der Arzt: „Was kann ich für Sie tun?" Sagt das Benzin: „Ich glaube, ich verdunste!"

~

Kommt der ***Sinn*** zum Arzt. Sagt der Arzt: „So'n Unsinn!"

~

Kommt der ***Brenner*** zum Arzt. Sagt der Arzt: „Alpenpässe gelten hier nicht!" Sagt der Brenner: „Und K2?" Sagt der Arzt: „Das ist mir zu hoch."

~

Kommt die ***Briefmarke*** zum Arzt. Sagt der Arzt: „Was kann ich für Sie tun?" Sagt die Briefmarke: „Leck mich!" [4]

~

Kommt ***Shanghai*** zum Arzt. Sagt der Arzt: „Shang-wie? Was-für-ein-Hai? Frau Lüders, hier will ein Hai behandelt werden. Das ist ja absurd!"

---

[4] Die Kombination von „Briefmarke" und „lecken" ist natürlich auch ein Klassiker des Witzes.

Kommt eine ***Verzögerung*** zum Arzt. Sagt der Arzt: „Ich komme gleich." Sagt die Verzögerung: „Halt! Noch nicht!"

~

Kommt der ***Rhein*** zum Arzt. Sagt der Arzt: „Was kann ich für Sie tun?" Sagt der Rhein: „Das Wasser. Es steht!" Sagt der Arzt nach einer Spritze: „Na, fließt's wieder?" Sagt der Rhein: „Ja, ja. Und wie geht's Ihnen?" Sagt der Arzt: „Mensch! Die Frage hat aber gesessen!"

~

Kommt der ***Halbmond*** zum Arzt. Sagt der Arzt: „Was kann ich für Sie tun?" Sagt der Halbmond: „Ich hab so Angst vor dem Vollmond." Sagt der Arzt: „Sie nehmen wirklich alles für voll?"

~

Kommt das ***„das"*** zum Arzt. Sagt der Arzt: „Was kann ich für Sie tun?" Sagt das „das": „Sie dürfen auch ‚es' sagen!" Sagt der Arzt: „Also: es – ‚das'? Esdas?" Sagt das „das": „Genau! Esdas! Adidas wäre ja Schleichwerbung."

Kommt das ***Schreiben*** zum Arzt. Sagt der Arzt: „Was kann ich für Sie tun?“ Sagt das Schreiben: „Können Sie bitte Schreiben schreiben!?“ Sagt der Arzt: „Darüber müssen wir reden!“

~

Kommt das ***Klo*** zum Arzt. Sagt der Arzt: „Was kann ich für Sie tun?“ Sagt das Klo: „Ich habe keinen Abzug.“ Sagt der Arzt: „Sind wir hier beim Militär?“ Sagt das Klo: „Nein, aber mir stinkt's schon lange.“

~

Kommt der ***Darm*** zum Arzt. Sagt der Arzt: „Was kann ich für Sie tun?“ Sagt der Darm: „Ich bräuchte ein Abführmittel.“ Sagt der Arzt: „Da wären Sie bei der Kripo vielleicht besser aufgehoben.“

~

Kommt das ***Böse*** zum Arzt. Sagt der Arzt: „Na gut!“

~

Kommt ein ***Ofen*** zum Arzt. Sagt der Arzt: „Ich dachte, es sei aus!“

Kommt die ***Windel*** zum Arzt. Sagt der Arzt: „Was kann ich für Sie tun?" Sagt die Windel: „Sie könnten etwas schreien, damit ich denke, ein Baby hätte mich gerade an." Sagt der Arzt: „Das ist ja pervers." Sagt die Windel: „Ich bin zwar seit langem Dichter, aber einen Per-Vers kenne ich bislang nicht."

~

Kommt ein ***Schalter*** zum Arzt. Sagt der Arzt: „An oder aus?" Sagt der Schalter: „Sie denken wohl nur an das eine!"

~

Kommt ***Günter Wallraff*** zum Arzt. Sagt der Arzt: „Was kann ich für Sie tun?" Sagt Günter Wallraff: „Pssst. Ich bin da an einer heiklen Geschichte dran." Sagt der Arzt: „Ich hätte Sie gar nicht erkannt, Herr Wallraff!"

~

Kommt ein ***Verleger*** zum Arzt. Sagt der Arzt: „Was kann ich für Sie tun?" Sagt der Verleger: „Bitte denken Sie nicht, ich hätte etwas mit Fußbodenbelag zu tun!" Sagt der Arzt: „Wieso auch? Ihr Zahnbelag ist doch meilenweit zu sehen!"

Kommt eine ***Schmalzstulle*** zum Arzt. Sagt der Arzt: „Sie tragen aber ganz schön dick auf."

~

Kommt ein ***belegtes Brot*** zum Arzt. Sagt der Arzt: „Was kann ich für Sie tun?" Sagt das belegte Brot: „Sie nehmen mir immer gleich die Butter vom Brot."

~

Kommt ***Kennedy*** zum Arzt. Sagt der Arzt: „Was kann ich für Sie tun?" Sagt Kennedy: „Sie könnten mich reanimieren." Sagt der Arzt: „Re-AMI-was?"

~

Kommt ein ***Reiher*** zum Arzt. Sagt der Arzt: „Wo haben Sie denn Ihre Kotztüte gelassen?" Sagt der Reiher: „Ich hätte Ihnen mehr Niveau zugetraut, Sie Brechmittel."

~

Kommt ein ***Schellfisch*** zum Arzt. Sagt der Arzt: „Was kann ich für Sie tun?" Sagt der Schellfisch: „Mich stört diese verdammte Klingel in meinem Bauch."

Kommt ***Aber*** zum Arzt. Sagt der Arzt: „Doch kommt auch noch?“ Sagt Aber: „Ja, ja, Kain hat uns doch hergebracht.“

~

Kommt ein ***Zettel*** zum Arzt. Sagt der Arzt: „Was kann ich für Sie tun?“ Sagt der Zettel: „Warten Sie. Das hatte ich mir doch irgendwo notiert.“

~

Kommen der und die ***Dispo*** zum Arzt. Sagt der Arzt: „Da muss ich erst mal in meinem Anatomiebuch nachgucken. Was für ein seltsames Gesäß!“

~

Kommt ein ***Vertreter*** zum Arzt. Sagt der Arzt: „Was kann ich für Sie tun?“ Sagt der Vertreter: „Greifen Sie doch zu! Nehmen Sie mir eines von meinen herrlichen Produkten ab, wenn Sie der Welt helfen wollen.“ Da sagt der Arzt: „Das kaufe ich Ihnen aber nicht ab.“

~

Kommt der ***Mob*** zum Arzt. Sagt der Arzt: „Verwechseln Sie mich mit David Lynch?“

Kommt ein ***König*** zum Arzt. Sagt der Arzt: „Was kann ich für Sie tun?“ Sagt der König: „Unerhört. Diese Frage ist ja die absolute Krönung!“ Sagt der Arzt: „Mehr kann man doch als Monarch nicht wollen!“

~

Kommt ein ***Croissant*** zum Arzt. Sagt der Arzt: „In Frankreich können Sie sich das nicht erlauben.“

~

Kommt ein ***Kleiderbügel*** zum Arzt. Sagt der Arzt: „Hängen Sie nicht so durch!“

~

Kommt der ***Schweiß*** zum Arzt. Sagt der Arzt: „Meine Hand gebe ich Ihnen aber nicht!“ Sagt der Schweiß: „Sie müssten mal meine Füße probieren.“

~

Kommt ein ***Aufnehmer*** zum Arzt. Sagt der Arzt: „Was kann ich für Sie tun?“ Sagt der Aufnehmer: „Ich möchte endlich aufgeklärt werden.“ Sagt der Arzt: „Aber Sie sind doch noch ganz feucht hinter den Ohren.“

Kommt der ***Henkel*** zum Arzt. Sagt der Arzt: „Was kann ich für Sie tun?“ Sagt der Henkel: „Sie könnten dem Griff mal so richtig Bescheid sagen!“

~

Kommt ein ***Rallyefahrer*** schwer verletzt, aber lebend zum Arzt. Sagt der Arzt: „Ich wusste, dass Sie die Kurve noch kriegen!“

~

Kommt eine ***Gerade*** zum Arzt. Sagt der Arzt: „Was kann ich für Sie tun?“ Sagt die Gerade: „Mann ... sind Sie schräg!“

~

Kommt ein ***Wütender*** zum Arzt. Sagt der Arzt: „Was kann ich für Sie tun?“ Sagt der Wütende: „Mir schwillt bald der Kamm!“ Sagt der Arzt: „Seit wann nehmen Sie denn Botox, bevor Sie zum Arzt gehen?“

~

Kommt eine ***Weile*** zum Arzt. Sagt der Arzt: „Was kann ich für Sie tun?“ Sagt die Weile: „Ich bräuchte dringend noch etwas Lange, wegen der Abwechslung!“

Kommt die ***Begierde*** zum Arzt. Sagt der Arzt: „Was kann ich für Sie tun?“ Sagt die Begierde: „Ich will immer mehr!“ Sagt der Arzt: „So werden wir aber nie mit der Behandlung fertig.“

~

Kommt eine ***Oase*** zum Arzt. Sagt der Arzt: „Was kann ich für Sie tun?“ Sagt die Oase: „Die Menschen lechzen nach mir!“ Sagt der Arzt: „Bei mir sind es mehr die Frauen.“ Sagt die Oase: „Und woher haben die den trockenen Hals?“

~

Kommt ein ***Erstickender*** zum Arzt. Sagt der Arzt: „Was kann ich für Sie tun?“ Sagt der Erstickende: „Ich bräuchte frische Luft.“ Sagt der Arzt: „Dann treten Sie doch vor die Tür!“ Sagt der Erstickende: „Das habe ich schon. Jetzt ist sie kaputt.“

~

Kommt eine ***Sorge*** zum Arzt. Sagt der Arzt: „Sie sind ja andauernd bei mir!“ Sagt die Sorge: „Haben Sie denn schon mal in den letzten Wochen Ihren Kontoauszug angeschaut?“

Kommt ein ***Feuer*** zum Arzt. Sagt der Arzt: „Was kann ich für Sie tun?“ Sagt das Feuer: „Ich bin Feuer und Flamme für Sie!“ Sagt der Arzt: „Jetzt weiß ich auch, woher meine vielen Verbrennungen kommen!“

~

Kommt eine ***Orgie*** zum Arzt. Sagt der Arzt: „Sie sind ja sehr engagiert!“ Sagt die Orgie: „Haben Sie denn schon mal in das auf Ihrem Nachtisch liegende Tagebuch eines APO-Opa-Schauspielers geschaut?“

~

Kommt ein ***Vulkan*** zum Arzt. Sagt der Arzt: „Was kann ich für Sie tun?“ Sagt der Vulkan: „Ich bin verdammt heiß!“ Sagt der Arzt: „Sie verwechseln meine Praxis mit einem Freudenhaus.“ Sagt der Vulkan: „Dann darf ich hier gar nicht ausbrechen?“

~

Kommt ein ***Hund*** zum Arzt. Sagt der Arzt: „Wau!“ Sagt der Hund: „Seit wann können Hunde denn Deutsch sprechen, Herr Arzt?“ Sagt der Arzt: „Bellt man denn neuerdings auch auf Deutsch?“

Kommt ein ***Walzer*** zum Arzt. Sagt der Arzt: „Was kann ich für Sie tun?“ Sagt der Walzer: „Mir tun die Füße weh!“ Sagt der Arzt: „So ein Wiener Schmäh!“

~

Kommt ***Hau-Mich-Blau*** zum Arzt. Sagt der Arzt: „Was kann ich für Sie tun?“ Sagt Hau-mich-Blau: „Ich ärgere mich immer schwarz, wenn es mich erwischt!“

~

Kommt ein ***Zeppelin*** zum Arzt. Sagt der Arzt: „Was kann ich für Sie tun?“ Sagt der Zeppelin: „Ich glaube, ich habe Körpergeruch.“ Sagt der Arzt: „Sie riechen auch verdammt nach Helium.“

~

Kommt die ***Feigheit*** zum Arzt. Sagt der Arzt: „Ich habe Angst!“, und schlottert. Sagt die Feigheit: „Toll. Bin schon geheilt!“

~

Kommen eine ***Litfaßsäule und ein Ball*** zum Arzt. Sagt der Arzt: „Jetzt geht's aber rund!“

Kommt die ***Frisur*** zum Arzt. Sagt der Arzt: „Was kann ich für Sie tun?“ Sagt die Frisur: „Mir stehen die Haare zu Berge!“ Sagt der Arzt: „Da kann ich Ihnen leider überhaupt nicht helfen. Ich habe nämlich totale Höhenangst!“

~

Kommt das ***Echo*** zum Arzt. Sagt der Arzt: „Was kann ich für Sie tun?“ Sagt das Echo: „Ich mache beim Niesen immer Hahahahahahahahahhahahahahahahahaha...tschi.“ Sagt der Arzt: „Machen Sie eigentlich alles immer nur mit Ihrem Haha lächerlich?“ Sagt das Echo: „Das hahahahahahahahahahahabe ich nicht verstanden!“

~

Kommt ein ***Politiker*** zum Arzt. Sagt der Arzt: „Wer lügt, bleibt immer gesund!“ Nach der Untersuchung sagt der Arzt: „Wie ich schon annahm: Ihnen fehlt nichts!“

~

Kommt die ***Rechnung*** zum Arzt. Sagt der Arzt: „Was kann ich für Sie tun?“ Sagt die Rechnung: „Ich möchte nur wissen, ob es reicht.“

Kommt ein ***Gerücht*** zum Arzt. Sagt der Arzt: „Ich habe schon von Ihnen gehört."

~

Kommt ein ***Teufel*** zum Arzt. Sagt der Arzt: „Was kann ich für Sie tun?" Sagt der Teufel: „Mein Schwanz schleift auf der Erde!" Sagt der Arzt: „Seien Sie froh. Ihnen kann geholfen werden: Ich betreibe nebenberuflich eine Schubkarrenfabrik."

~

Kommt ***Hans Dampf*** zum Arzt. Sagt der Arzt: „Was kann ich für Sie tun?" Sagt Hans Dampf: „Bei mir beschlagen in allen Gassen immer wieder alle Scheiben!" Sagt der Arzt: „Na und?! Meine Pferde sind ja auch immer beschlagen."

~

Kommt ein ***Pokerface*** zum Arzt. Sagt der Arzt: „Wie soll ich je feststellen, was Sie haben?" Sagt das Pokerface: „Alles außer einer Straße wäre mein Untergang." Sagt der Arzt: „Straße? Dann müssen Sie nur wieder rausgehen." Sagt das Pokerface: „Aber dann wüssten doch alle davon."

Kommt eine ***Fata Morgana*** zum Arzt. Sagt der Arzt: „Wenn Sie denken, ich würde jetzt so tun, als würde ich Sie sehen, dann muss ich Sie bitter enttäuschen." Sagt die Fata Morgana: „Keiner will uns wahrhaben!"

~

Kommt eine ***Anhäufung nackter Tatsachen*** zum Arzt. Sagt der Arzt: „Können Sie sich nicht was anziehen?!" Sagen die nackten Tatsachen: „Nee, geht nicht. Wir arbeiten für den *PLAYBOY*!"

~

Kommt die ***DNA*** zum Arzt. Sagt der Arzt: „Na und?"

~

Kommt eine ***Kanone*** zum Arzt. Sagt der Arzt: „Was kann ich für Sie tun?" Sagt die Kanone: „Es sind keine Spatzen mehr da!" Sagt der Arzt: „Das ist ja zum Schießen!"

~

Kommt ein ***Silberstreif*** zum Arzt. Sagt der Arzt: „Wenn Sie glauben, dass ich der Horizont bin, dann sind Sie völlig falsch gewickelt."

Kommt ein ***Indianer*** zum Arzt. Sagt der Arzt: „Dann sagen Sie mal ‚Aua'!" Sagt der Indianer: „Aber, Herr Doktor, ein Indianer kennt doch keinen Schmerz."

~

Kommt ein ***Gürtel*** zum Arzt. Sagt der Arzt: „Wann sind Sie denn so weit?"

~

Kommt eine ***Eule*** zum Arzt. Sagt der Arzt: „Was kann ich für Sie tun?" Sagt die Eule: „Könnten Sie mich nach Athen tragen?" Sagt der Arzt: „Sehe ich denn so aus?" „Nein", sagt die Eule, „dann eben nach Peking!"

~

Kommt eine ***Saison*** zum Arzt. Sagt der Arzt: „Was kann ich für Sie tun?" Sagt die Saison: „Ich bin immer zu schnell vorbei!" Sagt der Arzt: „Ist da jemand? Hallo? Ist da jemand?"

~

Kommt ein ***Kapitän*** zum Arzt. Sagt der Arzt: „Hier sind Sie auf dem falschen Dampfer."

Kommt ein ***Bleichgesicht*** zum Arzt. Sagt der Arzt. „Was kann ich für Sie tun?“ Sagt das Bleichgesicht: „Sie könnten mir Geld fürs Solarium leihen.“ Sagt der Arzt: „So sehen Sie auch aus!“

~

Kommt ein ***Hebel*** zum Arzt. Sagt der Arzt: „Wo soll ich bei Ihnen bloß ansetzen?“

~

Kommt eine ***Gurke*** zum Arzt. Sagt der Arzt: „Was kann ich für Sie tun?“ Sagt die Gurke: „Ich habe Probleme beim Autofahren.“ Sagt der Arzt: „Das kommt nur, weil sie so rumgurken.“

~

Kommt eine ***Zwiebel*** zum Arzt. Sagt der Arzt: „Was kann ich für Sie tun?“ Sagt die Zwiebel: „Sie gehen mir unter die Haut!“ Sagt der Arzt: „Das ist ja zum Heulen!“ Sagt die Zwiebel: „Das erlebe ich andauernd.“

~

Kommt ein ***Harlekin*** zum Arzt. Sagt der Arzt: „Sind Sie immer so bleich?“

Kommt die ***Sonne*** zum Arzt. Sagt der Arzt: „Was kann ich für Sie tun?“ Sagt die Sonne: „Ich gehe immer auf!“ Sagt der Arzt: „Sie sehen aber gar nicht wie ein Teig aus.“

~

Kommt ein ***Tau*** zum Arzt. Sagt der Arzt: „Hatten wir denn Glatteis?“

~

Kommt eine ***Beichte*** zum Arzt. Sagt der Arzt: „Sind Sie denn katholisch?“ Sagt die Beichte: „Sie denn?“ Sagt der Arzt: „Sobald Sie mir alle Sünden vergeben!“

~

Kommt der ***Kölner Dom*** zum Arzt. Sagt der Arzt: „Was kann ich für Sie tun?“ Sagt der Dom: „Sehen Sie das nicht?“ Sagt der Arzt: „Sie sind aber ganz schön spitz.“

~

Kommt ein ***Pferd*** zum Arzt. Kommt der Arzt erregt aus der Praxis gelaufen und verweist auf das große Schild im Flur: „Wiehern verboten!“ Sagt das Pferd: „So etwas habe ich ja noch nie gelesen!“

Kommt ein ***Kind*** zum Arzt. Sagt das Kind: „Ich bin in den Brunnen gefallen!“ Sagt der Arzt: „Solche Redewendungen behandele ich nur sehr ungern!“

~

Kommt ein ***Bettler*** zum Arzt. Sagt der Arzt: „Was kann ich für Sie tun?“ Sagt der Bettler: „Ich habe genug!“ Sagt der Arzt: „Na also. Dann brauchen Sie doch nicht mehr betteln zu gehen!“

~

Kommt eine ***Bank*** zum Arzt. Sagt der Arzt: „Was kann ich für Sie tun?“ Sagt die Bank: „Ich bin besessen!“ Sagt der Arzt: „Die zum Sitzen oder die Beraubte? Welche Art von Bank sind Sie?“ Sagt die Bank: „Sie machen's aber kompliziert!“

~

Kommt der ***Wahnsinn*** zum Arzt. Sagt der Arzt: „Ich werd' hier noch verrückt!“

~

Kommt eine ***Batterie*** zum Arzt. Sagt der Arzt: „Sie sind doch falsch gepolt.“

Kommt eine ***SMS*** zum Arzt. Sagt der Arzt: „Was kann ich für Sie tun?“ Sagt die SMS: „Ich bin so verdammt kurz!“ Sagt der Arzt: „Für die Trennung von mir und Monika hat es aber vollkommen gereicht!“

~

Kommt ein ***Glied*** zum Arzt. Sagt der Arzt: „Was kann ich für Sie tun?“ Sagt das Glied: „Ich bin das Bindeglied zwischen Frau Meier und Herrn Meier.“ Sagt der Arzt zu sich selbst: „Und ich habe wie immer nur an das Sexuelle gedacht!“

~

Kommen ***XY*** zum Arzt. Sagt der Arzt: „CU.“

~

Kommt ein ***Twitter-Feed*** zum Arzt. Sagt der Arzt: „Was kann ich für Sie tun?“ Sagt der Twitter-Feed: „Ich habe nur 140 Zeichen.“ Sagt der Arzt: „Bei einer Geschlechtsumwandlung zur SMS kämen Sie auf 160.“ Sagt der Twitter-Feed: „Und was wäre, wenn Sie diese Operation schwarz durchführen würden?“ Sagt der Arzt: „Ich soll in der Verkleidung eines Afrikaners operieren? Iss' ja irre!“

Kommt eine ***Frage*** zum Arzt. Sagt der Arzt: „Würde es Ihnen etwas ausmachen, wenn ich Sie erst einmal einfach so im Raum stehen lasse?“

~

Kommt eine ***Ladung*** zum Arzt. Sagt der Arzt: „Geballter Zorn? Oder mit wem haben wir's genau zu tun?“ Sagt die Ladung: „Geballte Faust, um mal genau zu sein!“, ... und schlägt dem Arzt mitten ins Gesicht. Sagt der Arzt voller Schmerzen: „Und was bedeutet nun ‚geballte Ladung‘?“

~

Kommt ein ***Gesicht*** zum Arzt. Sagt der Arzt: „Sie haben auch schon bessere Tage erlebt!“ Sagt das Gesicht: „Sie können mich gern auch beim Kosenamen anreden: Meine Freunde nennen mich ‚Jauchegrube‘!“

~

Kommt ein ***Kolibri*** zum Arzt. Sagt der Arzt: „Schon Ihr Name ist mir zu kompliziert!“ Sagt der Kolibri: „Genau deshalb wollte ich ja zu Ihnen! Geben Sie mir einen neuen Namen!“ Sagt der Arzt: „Komischer Vogel!“

Kommt eine ***Miesmuschel*** zum Arzt. Sagt der Arzt: „Was kann ich für Sie tun?“ Sagt die Miesmuschel: „Das fragen Sie noch?! Mir geht es ganz mies.“ Sagt der Arzt: „Das finde ich kaum überzeugend. Ich bin Urologe ... und weiß trotzdem nicht, wie spät es ist.“

~

Kommt ein ***Gesäß*** zum Arzt. Sagt der Arzt: „Na, du Arsch!“ Sagt das Gesäß: „Ich verbitte mir das! Wer hat Ihnen erlaubt, mich zu duzen?!“

~

Kommt ein ***Geräusch*** zum Arzt. Sagt der Arzt: „Oh!“ Sagt das Geräusch: „Ich bin aus einem anderen Spielfilm. Nicht aus: *Die Geschichte der O.*“ Sagt der Arzt: „Ah!“

~

Kommt eine ***Memme*** zum Arzt. Sagt der Arzt: „Mit Backwaren habe ich keine Erfahrung!“ Sagt die Memme: „Sie verwechseln mich mit einer Wecke!“ Sagt der Arzt: „Muss ich denn schon aufstehen?“ Sagt die Memme: „Sie hören nicht richtig: Wecke ist nicht Wecker!“ Sagt der Arzt: „O. k. Aber Memme ist ja auch nicht Memmingen.“

Kommt ein ***Gebet*** zum Arzt. Sagt der Arzt: „Was kann ich für Sie tun?“ Sagt das Gebet: „Eher nichts.“ Sagt der Arzt: „Und danach?“ Sagt das Gebet: „Erst recht nichts.“ Sagt der Arzt: „Dann scheren Sie sich doch zur Hölle!“

~

Kommt ein ***Wagen*** zum Arzt. Sagt der Arzt: „Seit wann hat das Verb ‚wagen‘ ein ‚ein‘ davor.“ Sagt der Wagen: „Seit wann spielen Ärzte Duden?“

~

Kommt ein ***Wille*** zum Arzt. Sagt der Arzt: „Den Weg habe ich schon behandelt!“ Sagt der Wille: „Und?“ Sagt der Arzt: „Wo ein Wille ist, ist auch ein Weg.“ Sagt der Wille: „Wo bin ich denn hier gelandet?“

~

Kommt ein ***Richter*** zum Arzt. Sagt der Arzt: „Was kann ich für Sie tun?“ Sagt der Richter: „Ich brauche Ihr Urteil.“ Sagt der Arzt: „Wieso? Fällen Sie denn keine?“ Sagt der Richter: „Wir haben kaum noch Bäume. Haben Sie das denn nicht gewusst?“

Kommt eine ***Lupe*** zum Arzt. Sagt der Arzt: „Was haben Sie denn für große Augen?!" Sagt die Lupe: „Können Sie nicht endlich ‚Grimms Märchen' zur Seite legen?!"

~

Kommen ***Geben und Nehmen*** zum Arzt. Sagt der Arzt: „Was kann ich für Sie tun?" Sagt das Geben: „Ich gebe Ihnen die Hand!" Sagt das Nehmen: „Und ich nehme Ihnen dann Ihre Geldbörse!" Sagt der Arzt: „Tut mir leid! Ich kann Sie nur getrennt voneinander behandeln!"

~

Kommt eine ***Sachertorte*** zum Arzt. Sagt der Arzt: „Was kann ich für Sie tun?" Sagt die Torte: „Ich würde gerne wissen, wo Sacher eigentlich liegt!" Sagt der Arzt: „Und ich wollte wissen, warum Sie so verdammt süß sind!" Sagt die Torte: „Was sagt denn die Ärztekammer zu Ihrer platten Anmache?!"

~

Kommt ein ***Flugzeug*** zum Arzt. Sagt der Arzt: „Was kann ich für Sie tun?" Sagt das Flugzeug: „Wo bin ich denn hier gelandet?"

Kommen ***Dick und Doof*** zum Arzt. Sagt der Arzt: „Wer hätte das gedacht?“ Sagt der Doof: „Ich kann leider nicht denken!“ Sagt Dick: „Kann man ‚gedacht‘ essen?“

~

Kommt ein ***Schaf*** zum Arzt. Sagt der Arzt: „Scheren Sie sich doch zum Teufel.“

~

Kommt ein ***Förster*** zum Arzt. Sagt der Arzt: „Juppheidi.“ Sagt der Förster: „Juppheida. Aber mit meinem Beruf hat das nicht viel zu tun!“ Sagt der Arzt: „Ach, Sie kennen den Jupp gar nicht?“

~

Kommt ein ***Metzger*** zum Arzt. Sagt der Arzt: „Was kann ich für Sie tun?“ Sagt der Metzger: „Ich habe mich einem Verband angeschlossen.“ Sagt der Arzt: „Und ich soll nun Verbandszeug bereitstellen? Oder wie hatten Sie sich das gedacht?“

~

Kommt die ***Unverschämtheit*** zum Arzt. Sagt der Arzt: „Musste das denn sein?“

Kommt ein ***Wolf*** zum Arzt. Sagt der Arzt: „Was kann ich für Sie tun?“ Sagt der Wolf: „Ich habe echte Verdauungsbeschwerden!“ Sagt der Arzt: „Das ist ja auch kein Wunder, nachdem Sie die Oma und das Rotkäppchen verspeist haben.“ Sagt der Wolf: „Erzählen Sie mir doch keine Märchen!“

~

Kommt ein ***EKG*** zum Arzt. Sagt der Arzt: „Und? Was jetzt?“ Sagt das EKG: „Gefallen Ihnen meine Kurven denn nicht?“ Sagt der Arzt: „Die Miss-Wahl ist doch erst nächste Woche. Übrigens im Hotel Savoy.“

~

Kommt ein ***Offizier*** zum Arzt. Sagt der Arzt: „Was kann ich für Sie tun?“ Sagt der Offizier: „Ich bin krank. Behandeln Sie mich!“ Sagt der Arzt: „Zu Befehl!“ Sagt der Offizier: „Ist das eine sehr schlimme Krankheit, Herr Doktor?“

~

Kommt eine ***Gelbsucht*** zum Arzt. Sagt der Arzt: „Haben Sie es denn mal mit der Komplimentärfarbe versucht?“

Kommt ***Hitler*** zum Arzt. Sagt der Arzt: „Was kann ich für Sie tun?“ Sagt Hitler: „Heil Hitler!“ Sagt der Arzt zu sich selbst: „Wenn das Hippokrates wüßte!“

~

Kommt ***Stalin*** zum Arzt. Sagt der Arzt: „Was kann ich für Sie tun?“ Sagt Stalin: „Meine Orgel funktioniert nicht mehr!“ Sagt der Arzt: „Ich bin weder Musiker noch Diktator ... und verstehe auch nichts davon.“ Sagt Stalin: „Aber ich. Ich diktiere sogar Schlachten.“

~

Kommt eine ***Mutter*** mit ihrem Sohn zum Arzt. Sagt der Arzt: „Was kann ich für Sie tun?“ Sagt die Mutter: „Mein Sohn ist so in die Höhe geschossen!“ Sagt der Arzt: „Hat er denn einen Waffenschein?“

~

Kommt ***Helmut Kohl*** zum Arzt. Sagt der Arzt: „Was kann ich für Sie tun?“ Da gibt Helmut Kohl ihm wortlos eine Blume. Sagt der Arzt: „Was soll das denn?“ Sagt Helmut Kohl: „Ich habe allen Leuten blühende Landschaften versprochen.“

Kommt ein ***Rat*** zu einem Arzt. Sagt der Arzt: „Könnten Sie sich mir geben?“ Sagt der Rat: „Dafür bin ich nicht gut genug.“ Sagt der Arzt: „Das kommt Sie aber teuer zu stehen!“

~

Kommt ein ***Lackaffe*** zum Arzt. Sagt der Arzt: „Was kann ich für Sie tun?“ Sagt der Lackaffe: „Ich fühle mich ausrangiert und abgestellt!“ Sagt der Arzt: „Das kommt, weil Ihr Lack schon lange ab ist!“ Sagt der Lackaffe: „Ach, da bin ich ja erleichtert. Ich dachte schon, ich würde mich ständig zum Affen machen.“

~

Kommt ein ***Gletscher*** zum Arzt. Sagt der Arzt: „Was kann ich für Sie tun?“ Sagt der Gletscher voller Panik: „Ich schmelze dahin!“ Sagt der Arzt: „Danke. Ich fühle mich überaus geschmeichelt!“

~

Kommt ein ***Gnu*** zum Arzt. Sagt der Arzt: „Und Gnu?“ Sagt das Gnu: „Das muss ‚Und nu?‘ heißen.“ Sagt der Arzt: „Ach Gja, Sie haben Recht!“

Kommt ein ***Tsunami*** zum Arzt. Sagt der Arzt: „Überschwemmen Sie mich nicht immer mit Ihren Gefühlen!"

~

Kommt ein ***Gepäckstück*** zum Arzt. Sagt der Arzt: „Sie müssen zu Schalter 7!" Sagt das Gepäckstück: „Bin ich denn hier bei der Post?" Sagt der Arzt: „Nein. Aber Sie sehen ganz so aus, als gehörten Sie dahin!"

~

Kommt der ***Wendepunkt*** zum Arzt. Dreht sich der Arzt um und geht weg.

~

Kommt der ***Nordpol*** zum Arzt. Sagt der Arzt: „Was kann ich für Sie tun?" Sagt der Nordpol: „Ich glaube, ich schmelze!" Sagt der Arzt: „Und warum legen Sie sich dann nicht mal ein Stündchen in meinen Kühlschrank?"

~

Kommt die ***Vorsorge*** zum Arzt. Sagt der Arzt: „Vergessen Sie das ‚Vor'. Bei Ihrem Zustand würde ‚Nachsorge' besser passen!"

Kommt ein ***Raucher*** zum Arzt. Sagt der Arzt: „Was kann ich für Sie tun?“ Sagt der Raucher: „Mir geht es verdammt schlecht!“ Da hält der Arzt ihm eine total verteerte Lunge vors Gesicht. Sagt der Raucher: „Das sieht ja gar nicht gut aus!“ Sagt der Arzt: „Und das ist schon der Zustand nach der Entfernung aus Ihrem Körper!“

~

Kommt der ***Lungenkrebs*** zum Arzt. Sagt der Arzt: „Was kann ich für Sie tun?“ Sagt der Lungenkrebs: „Ich glaube, es sieht schlecht mit mir aus!“ Sagt der Arzt: „Sie werden nächsten Monat sterben. Warum hören Sie nicht auf zu rauchen?!“ Sagt der Lungenkrebs: „Weil ich als Schlot in Köln-Deutz beschäftigt bin. Irgendwovon muss ich ja leben!“

~

Kommt ein ***Taschentuch*** zum Arzt. Sagt der Arzt: „Was kann ich für Sie tun?“ Sagt das Taschentuch (heulend): „Bei mir schrieben alle immer ‚Schnief‘ in den Comic.“ Sagt der Arzt: „Und bei mir riefen auf dem Fußballplatz alle: ‚*Heil doch!*‘, wenn ich vor Schmerzen schreiend auf dem Boden gelegen habe.“

Kommt der ***Richter*** zum Arzt. Sagt der Arzt: „Was kann ich für Sie tun?“ Sagt der Richter: „Ich will den Schuldigen für meinen Milzbrand verurteilen!“ Sagt der Arzt: „Ist die Milz denn schon strafmündig?“

~

Kommt ein ***Biedermann*** zum Arzt. Sagt der Arzt: „Was kann ich für Sie tun?“ Sagt der Biedermann: „Sie sind doch der Brandstifter!?“ Sagt der Arzt: „Nein, aber ich kenne Max Frisch. Wieso?“ Sagt der Biedermann: „Weil ich alle Intellektuellen hasse.“

~

Kommt der ***Heiligenschein*** zum Arzt. Sagt der Arzt: „Waren Sie denn nicht ständig bei und über mir?“ Sagt der Heiligenschein: „Nein. Gestern nicht! Da haben Sie zu laut geflucht!“

~

Kommt ***Benzin*** zum Arzt. Sagt der Arzt: „Was kann ich für Sie tun?“ Sagt das Benzin erregt: „Ich explodiere gleich!“ Sagt der Arzt: „Nur zu, nur zu! Wenn es Ihnen etwas Erleichterung verschafft!“

Kommt die ***Wiederholung*** zum Arzt. Sagt der Arzt: „Was kann ich für Sie tun? Was kann ich für Sie tun? Was kann ich für Sie tun?“ Sagt die Wiederholung: „So etwas erlebe ich andauernd!“

~

Kommt die ***Begrüßung*** zum Arzt. Sagt der Arzt: „Was kann ich für Sie tun?“ Sagt die Begrüßung: „Zuerst mal ‚Guten Tag!‘, wenn ich bitten darf!“

~

Kommt die ***Verzeihung*** zum Arzt. Sagt der Arzt: „Was kann ich für Sie tun?“ Sagt die Verzeihung: „Iss’ nich’ so schlimm!“

~

Kommt der ***Hinterhalt*** zum Arzt. Sagt der Arzt: „Was kann ich für Sie tun?“ Sagt der Hinterhalt grinsend: „Fragen Sie doch mal meine tote Mutter!“

~

Kommt die ***Magie*** zum Arzt. Sagt der Arzt: „Was kann ich für Sie tun?“ Sagt die Magie: „Was soll der ganze Zauber?“

Kommt die ***Kolik*** zum Arzt. Sagt der Arzt: „Was kann ich für Sie tun?“ Sagt die Kolik: „Das sieht man doch!“ Sagt der Arzt: „Das muss ich erst einmal im Fremdwörterlexikon nachschlagen!“

~

Kommt der ***Sport*** zum Arzt. Sagt der Arzt: „Denn aber mal los!“

~

Kommt die ***Natur*** zum Arzt. Sagt der Arzt: „Diese Ökobewegung macht mich noch ganz fertig! Die werden immer radikaler!“ Sagt die Natur: „Wieso?“ Sagt der Arzt: „Haben Sie schon mal gehört, dass die Natur zum Arzt geht?“

~

Kommt ein ***Heißluftballon*** zum Arzt. Sagt der Arzt: „Was kann ich für Sie tun?“ Sagt der Heißluftballon: „Meine Worte nimmt man nie so richtig ernst!“ Holt der Arzt einen ungetoasteten Toast Hawaii aus seinem Kühlschrank, hält ihn vor den Mund des Heißluftballons und sagt: „Dabei kann heiße Luft durchaus auch sehr nützlich sein!“

Kommt ein ***Tischtennisball*** zum Arzt. Sagt der Arzt: „Ping-Pong.“ Sagt der Tischtennisball: „Ich komme nicht aus China!“ Sagt der Arzt: „Ich habe ja auch keine Tischtennisplatte!“ Sagt der Tischtennisball: „Und nun?“ Sagt der Arzt: „Mensch, ärgere dich nicht!“

~

Kommt eine ***Krankheit*** zum Arzt. Sagt der Arzt: „Was kann ich für Sie tun?“ Sagt die Krankheit: „Das Übliche.“ Sagt der Arzt: „Mit oder ohne Butter?“

~

Kommt ein ***Japaner*** zum Arzt. Sagt der Arzt. „Ach so, Sie sind Japanel!“ Sagt der Japaner: „Den Witz mit L wollte ich doch selber machen!“

~

Kommt die ***Sakristei*** zum Arzt. Sagt der Arzt: „Was kann ich für Sie tun?“ Sagt die Sakristei: „Ich habe Schmerzen an den Hoden.“ Sagt der Arzt: „Jetzt verstehe ich. Sakristei leitet sich also von ‚Sack‘ her. In meinem Beruf lernt man ja immer wieder dazu!“

Kommt ***etwas loses Blut*** als Tropfen zum Arzt. Sagt der Arzt: „Was kann ich für Sie tun?" Sagt das Blut: „Ich suche Dracula!" Sagt der Arzt: „Das erzählen alle. Aber meistens tue ich die Blutproben ganz einfach in das Röhrchen!"

~

Kommt der ***Urin*** zum Arzt. Sagt der Arzt: „Und das soll ich Ihnen glauben?" Sagt der Urin: „Was?" Sagt der Arzt: „Dass Sie keine Limonade sind?" Sagt der Urin: „Bin ich denn so gelb?" Sagt der Arzt: „Sie riechen aber so."

~

Kommt ***Fritzchen*** zum Arzt. Sagt der Arzt: „Was kann ich für Sie tun?" Sagt Fritzchen, mit Blick nach oben: „Diesen einen Witz hättest du mir doch ersparen können, oh Herr!"

~

Kommt ***Walter Scheel*** zum Arzt. Sagt der Arzt: „Was kann ich für Sie tun?" Sagt Walter Scheel: „Ich bin neben meinem Schwager vorn vom hohen Wagen gefallen." Sagt der Arzt: „Sie sind mir ein Tünnes!"

Kommt ***Mainz*** zum Arzt. Sagt der Arzt: „Eins müssen wir vor der Behandlung klarstellen. Die Praxis gehört weiterhin mir!“

~

Kommt ***Düsseldorf*** zum Arzt. Sagt der Arzt: „Was kann ich für Sie tun?“ Sagt Düsseldorf: „In Köln will mich keiner behandeln!“

~

Kommt eine ***Wanze*** zum Arzt. Sagt der Arzt: „Was kann ich für Sie tun?“ Sagt die Wanze: „Mein Hörvermögen hat gelitten.“ Sagt der Arzt: „Soll ich Stasi oder Horch-und-Guck auf die Krankenakte schreiben?“ Sagt die Wanze: „Tierisch gut, der Mann!“

~

Kommt ein ***Kannibale*** zum Arzt. Sagt der Arzt: „Was kann ich für Sie tun?“ Sagt der Kannibale: „Sie könnten sich etwas Salz und Pfeffer auflegen!“

~

Kommt ein ***Müllsack*** zum Arzt. Sagt der Arzt: „Mir stinkt’s langsam, dass Sie dauernd zu mir kommen!“

Kommt ein ***Messer*** zum Arzt. Sagt der Arzt: „Scharf!“ Sagt das Messer: „Bin ich neuerdings eine Nutte, oder was?“

~

Kommt der ***Pfeffer*** zum Arzt. Sagt der Arzt: „Was kann ich für Sie tun?“ Sagt der Pfeffer: „Scharfes Outfit!“ Sagt der Arzt: „Ich laufe nur montags nackt herum!“

~

Kommt der ***Kuss*** zum Arzt. Sagt der Arzt: „Schmatz!“ Sagt der Kuss: „Woher kennen Sie denn meinen Nachnamen?“

~

Kommt die ***Tuba*** zum Arzt. Sagt der Arzt: „Was kann ich für Sie tun?“ Sagt die Tuba: „Müssen Sie immer direkt so losposaunen?“

~

Kommt der ***Honig*** zum Arzt. Sagt der Arzt: „Was kann ich für Sie tun?“ Sagt der Honig: „Ich kann nicht anders. Ich schmiere mich immer allen um den Bart!“ Sagt der Arzt: „Aber ich betreibe doch gar keinen Frühstücksservice!“

Kommt ein ***Sittich*** zum Arzt. Sagt der Arzt: „Piep!“ Sagt der Sittich in tadellosem Deutsch: „Welche Klischees wollen Sie denn noch alle mit mir abarbeiten?“

~

Kommt eine ***Biene*** zum Arzt. Sagt der Arzt: „Was kann ich für Sie tun?“ Sagt die Biene: „Summ!“ Sagt der Arzt: „Vielleicht sind Sie bei einem Logopäden besser aufgehoben!“

~

Kommt ein ***Laster*** zum Arzt. Sagt der Arzt: „Was denn nun? LKW oder persönliche Schwäche? Wen darf ich hier behandeln?“ Sagt das Gegenüber: „Wenn ich das wüsste: Beim Anfahren auf der Baustelle muss ich immer 10 Tafeln Schokolade essen.“

~

Kommt ein ***Lexikon*** zum Arzt. Sagt der Arzt: „Was kann ich für Sie tun?“ Sagt das Lexikon: „Ich weiß zu viel.“ Sagt der Arzt: „Das kann kaum sein. Sonst wären Sie nicht bei mir gelandet.“ Sagt das Lexikon: „Ach so, wenn Sie das meinen. Ihre Approbation habe ich gestern billig ersteigern können.“

Kommt ein ***Menü*** zum Arzt. Sagt der Arzt: „Was kann ich für Sie tun?" Sagt das Menü: „Also mein erster Gang ..." Unterbricht der Arzt: „Hören Sie mal, Sie verwechseln mich hier ganz offensichtlich mit einem Autoschrauber. Immer diese dummen Scherze!" Sagt das Menü: „Aber Sie haben doch gar keine PS!" Sagt der Arzt: „Nur unter dem nächsten Brief an Sie nicht mehr! Ansonsten wohl. – Aber bringen Sie mir nun die Kilowatt in Aspik."

~

Kommt der ***Kanal*** zum Arzt. Sagt der Arzt: „Was kann ich für Sie tun?" Weint der Kanal: „Ich bin so nah am Wasser gebaut."

~

Kommt die ***Blase*** zum Arzt. Sagt der Arzt: „Muss das denn sein?"

~

Kommt eine ***Annonce*** zum Arzt. Sagt der Arzt: „Was kann ich für Sie tun?" Sagt die Annonce: „Keiner will mich aufgeben." Sagt der Arzt: „Schon mal was vom Eid des Hippokrates gehört? Wir Ärzte dürfen prinzipiell niemanden aufgeben."

Kommt ***Tarzan*** zum Arzt. Da öffnet der Arzt seine Hose. Sagt Tarzan: „Was soll das denn jetzt?“ Sagt der Arzt: „Ich dachte nur. – Sie brauchen doch bestimmt eine Liane.“

~

Kommt ***Curry*** zum Arzt. Sagt der Arzt: „Sie denken wohl, es geht um die Wurst.“

~

Kommt der ***Dreiklang*** zum Arzt. Sagt der Arzt: „Ich arbeite nicht im Akkord.“

~

Kommt die ***Lunte*** zum Arzt. Sagt der Arzt: „Ich habe Sie schon gerochen!“

~

Kommt der ***Popo*** zum Arzt. Sagt der Arzt: „Können Sie sich nicht wenigstens die Hände abwischen?“ Sagt der Popo: „Seit wann hat ein Popo Hände?“

~

Kommt der ***Agnostiker*** zum Arzt. Sagt der Arzt: „Was kann ich für Sie tun?“ Sagt der Agnostiker: „Wenn ich das wüsste?!“

Kommt der ***Friseur*** zum Arzt. Sagt der Arzt: „Was kann ich für Sie tun?" Sagt der Friseur: „3 x mal legen klappt nicht mehr." Sagt der Arzt: „Meine Praxis ist ja auch kein Fitness-Studio ... oder eine Turnhalle."

~

Kommt eine ***Möwe*** zum Arzt. Sagt der Arzt: „Was kann ich für Sie tun?" Sagt die Möwe: „Alle nennen mich Jonathan." Sagt der Arzt: „Wäre Ihnen ‚Klein Fritzchen' oder ‚Lassie' etwa lieber?"

~

Kommt die ***Ewigkeit*** zum Arzt. Sagt der Arzt: „Was kann ich für Sie tun?" Sagt die Ewigkeit 40 Minuten nichts. Sagt der Arzt: „Das dauert ja ewig!"

~

Kommt das ***Unwissen*** zum Arzt. Sagt der Arzt: „Was kann ich für Sie tun?" Sagt das Unwissen: „Das müsste ich erst noch nachschlagen."

~

Kommt eine ***Schere*** zum Arzt. Sagt der Arzt: „Machen wir es kurz!"

Kommt ein ***Fundamt*** zum Arzt. Sagt der Arzt: „Was kann ich für Sie tun?" Sagt das Fundamt: „Ich fühle mich so verloren."

~

Kommt die ***Negation*** zum Arzt. Sagt der Arzt: „Was kann ich für Sie tun?" Sagt die Negation: „Was sagt Ihnen denn Ihr Gefühl?" Sagt der Arzt: „Das gehört doch wohl nicht hierher!" Sagt die Negation: „Sehen Sie, so ergeht es mir immer wieder."

~

Kommt ***Billy Mo*** zum Arzt. Sagt der Arzt: „Was kann ich für Sie tun?" Sagt Billy Mo: „Mein Hut, der hat drei Ecken." Sagt der Arzt: „Dann bleiben Sie doch einfach bei Ihrem Tirolerhut."

~

Kommt eine ***Scheidung*** zum Arzt. Sagt der Arzt: „Was kann ich für Sie tun?" Sagt die Scheidung: „Ich bekomme den Ring nicht mehr vom Finger." Sagt der Arzt: „Das geht mir auch so. Und ich bin noch verheiratet." Sagt die Scheidung: „Das tut mir aber wahnsinnig leid."

Kommt ein ***Verbrecher*** zum Arzt. Sagt der Arzt: „Was kann ich für Sie tun?“ Sagt der Verbrecher: „Die Polizei sucht mich. Aber ich habe doch gar nichts getan!“ Sagt der Arzt: „Stimmt. Faul waren Sie immer schon!“

~

Kommt ein ***Volkslied*** zum Arzt. Sagt der Arzt: „Was kann ich für Sie tun?“ Sagt das Volkslied: „Ich habe ein Verbrechen begangen.“ Sagt der Arzt: „Sie haben also wirklich gesungen?!“

~

Kommt ***Adenauer*** zum Arzt. Sagt der Arzt: „Was kann ich für Sie tun?“ Sagt Adenauer: „Ich habe mir die Boule-Hand verstaucht.“ Sagt der Arzt: „Kommt das von krummen Geschäften?!“

~

Kommt der ***Wohlmeinende*** zum Arzt. Sagt der Arzt. „Was kann ich für Sie tun?“ Sagt der Wohlmeinende: „Ich fühle mich so unwohl.“ Sagt der Arzt: „Und wenn ich Ihnen mal eine richtige Tracht Prügel verabreiche?“ Sagt der Wohlmeinende: „Das hilft bestimmt!“

Kommt das ***Übergewicht*** zum Arzt. Sagt der Arzt: „Was kann ich für Sie tun?" Sagt das Übergewicht: „Sie könnten mir etwas Fett absaugen." Sagt der Arzt: „Aber was bleibt dann von Ihnen?"

~

Kommt das ***Moos*** zum Arzt. Sagt der Arzt: „Ohne Moos nix los." Sagt das Moos: „Bei Ihnen iss' ja auch wirklich verdammt ruhig."

~

Kommt der ***Winkeladvokat*** zum Arzt. Sagt der Arzt: „Was kann ich für Sie tun?" Sagt der Winkeladvokat: „Irgendwie läuft alles schief." Sagt der Arzt: „Ich sehe schon, Sie haben 43 Grad. Da kann es ja nicht gehen."

~

Kommt ***Wien*** zum Arzt. Sagt der Arzt: „Küss die Hand, Gnädigste." Sagt Wien: „Sie sind wohl Herr Böhm, wenn ich mich nicht irre!"

~

Kommt die ***Zahl 1*** zum Arzt. Sagt der Arzt: „Sie sind mir ja einer!"

Kommt ***Dagobert Duck*** zum Arzt. Sagt der Arzt: „Was kann ich für Sie tun?“ Sagt Dagobert Duck: „Die Prellungen durch die vielen Goldtaler sind mittlerweile unerträglich geworden.“ Sagt der Arzt: „Es ist Ihnen klar, dass ich jedes Ihrer Worte mit 1000 Euro in Rechnung stellen muss.“ Sagt Dagobert Duck: „Denkste! Ich habe nur die Zeitung von heute zitiert. So blöd bin ich ja auch nicht.“

~

Kommt die ***Nase*** zum Arzt. Sagt der Arzt: „Was kann ich für Sie tun?“ Sagt die Nase: „Sehen Sie nicht, dass ich andauernd laufe?“ Sagt der Arzt. „Doch. Aber ich dachte, Sie trainieren für Olympia.“

~

Kommt ein ***Matrose*** zum Arzt. Sagt der Arzt: „Was kann ich für Sie tun?“ Sagt der Matrose: „Ich werde immer seekrank.“ Sagt der Arzt: „Moment. Ich muss erst mal schiffen geh'n.“

~

Kommt ein ***Modeschöpfer*** zum Arzt. Sagt der Arzt: „Was fällt Ihnen ein!?“ Sagt der Modeschöpfer: „Nichts. Das ist es ja gerade.“

Kommt ein ***Widerstand*** zum Arzt. Sagt der Arzt: „Von Elektronik versteh' ich nichts!" Sagt der Widerstand: „Von Aufständen und Partisanenkriegen denn?"

~

Kommt der ***Henker*** zum Arzt. Sagt der Arzt: „Was kann ich für Sie tun?" Sagt der Henker: „Ich falle immer vom Schafott." Sagt der Arzt: „Warum halten Sie sich denn nicht an der Schlinge fest? Wozu ist die denn sonst da?!"

~

Kommt ein ***Ritter*** zum Arzt. Sagt der Arzt: „Was kann ich für Sie tun?" Da wirft der Ritter seinen Handschuh hin. Da sagt der Arzt: „Ach, Fehde." Sagt der Ritter: „Sie kennen also die Krankheit?"

~

Kommt ein ***Politiker*** zum Arzt. Sagt der Arzt: „Was kann ich für Sie tun?" Sagt der Politiker: „Ich rede mir immer den Mund fusselig." Sagt der Arzt: „Und ich soll jetzt die Fussel wegoperieren?" Sagt der Politiker: „Nein, ich bräuchte noch mehr davon."

Kommt eine ***Warze*** zum Arzt. Sagt der Arzt: „Was kann ich für Sie tun?“ Sagt die Warze: „Schauen Sie doch nur!“ Sagt der Arzt: „Das ist ja ekelig.“ Sagt die Warze: „Gefällt Ihnen meine neue Frisur denn gar nicht?“

~

Kommt eine ***Kastanie*** zum Arzt. Sagt der Arzt: „Und ich soll Sie nun aus dem Feuer holen?“

~

Kommt ein ***Fisch*** zum Arzt. Sagt der Arzt: „Blubb, blubb!“ Sagt der Fisch: „Dass euch Ärzten aber auch keine besseren Scherze einfallen!“ – Und: Weg war er.

~

Kommt ein ***Fischstäbchen*** zum Arzt. Sagt der Arzt: „Was kann ich für Sie tun?“ Sagt das Fischstäbchen: „Ich glaube, ich bin aus der Kühltruhe gefallen!“

~

Kommt ein ***Cocktail*** zum Arzt. Sagt der Arzt: „Wenn das heute so weitergeht, dann bin ich bald total beschwipst.“

Kommt ein ***Lama*** zum Arzt. Sagt der Arzt: „Was kann ich für Sie tun?“ Sagt das Lama: „Darf ich mich vorstellen? Ich bin ein Lama.“ Sagt der Arzt: „Und jetzt soll ich Ihnen wieder zum Gehen verhelfen, oder wie?!“

~

Kommt eine ***Abfahrt*** zum Arzt. Sagt der Arzt: „Was kann ich für Sie tun?“ Sagt die Abfahrt: „Ich bin immer nur weg!“ Sagt der Arzt: „Soll ich Sie mit der Ankunft ins Gespräch bringen? Die ist immer nur da.“

~

Kommt ein ***Gewichtheber*** zum Arzt. Sagt der Arzt: „Was kann ich für Sie tun?“ Sagt der Gewichtheber: „Ich scheide bei allen Wettbewerben aus.“ Sagt der Arzt: „Ach so: Sie wollen jetzt etwas gegen die Inkontinenz. Medikamente oder Windeln?“

~

Kommt eine ***Kneifzange*** zum Arzt. Sagt der Arzt: „Was kann ich für Sie tun?“ Sagt die Kneifzange: „Sie unhöflicher Mensch! Ich erwarte erst mal ein ‚Aua‘, wie es sich bei mir gehört!“

Kommt die ***Revolution*** zum Arzt. Sagt der Arzt: „Wo sind Sie denn ausgebrochen?“

~

Kommt die ***Erkenntnis*** zum Arzt. Sagt der Arzt: „Ach so!“

~

Kommt eine ***Wäscheleine*** zum Arzt. Sagt der Arzt: „Was kann ich für Sie tun?“ Sagt die Wäscheleine: „Ich schlottere, sobald der Wind kommt.“ Sagt der Arzt: „Können Sie sich denn nicht zusammenreißen?“

~

Kommt ein ***Film*** zum Arzt. Sagt der Arzt: „Was kann ich für Sie tun?“ Sagt der Film: „Ich habe kein Happy End!“ Sagt der Arzt: „Dann würde ich Sie lieber nicht sehen.“

~

Kommt ein ***Fettwanst*** zum Arzt. Sagt der Arzt: „Was kann ich für Sie tun?“ Sagt der Fettwanst: „Ich möchte abnehmen.“ Sagt der Arzt: „Nun gut, kein Problem. Fangen wir mal mit Ihrem Hut und Ihrer Uhr an. Runter damit.“

Kommt eine ***Offenbarung*** zum Arzt. Sagt der Arzt: „Johannes?“ Sagt die Offenbarung: „Nein, ich heiße ganz einfach Willi.“

~

Kommt der ***Kurs*** zum Arzt. Sagt der Arzt: „Was kann ich für Sie tun?“ Sagt der Kurs: „Ich leide unter einem Sturz.“ Sagt der Arzt: „Sind meine Aktien auch gefallen?“

~

Kommt der ***Spaß*** zum Arzt. Sagt der Arzt: „Muss das sein?“

~

Kommt die ***Peinlichkeit*** zum Arzt. Sagt der Arzt: „Was kann ich für Sie tun?“ Sagt die Peinlichkeit: „Sie könnten mir mal einen extra großen Bademantel geben.“ Sagt der Arzt: „Und was machen wir mit dem, was andere Leute Kopf nennen?“

~

Kommt ein ***Kaugummi*** zum Arzt. Sagt der Arzt: „Was kann ich für Sie tun?“ Sagt das Kaugummi: „An meinem Fall werden Sie noch ganz schön zu kauen haben!“

Kommt eine ***Frikadelle*** zum Arzt. Sagt der Arzt: „Was kann ich für Sie tun?“ Sagt die Frikadelle: „Ich falle gleich vom Fleisch!“ Sagt der Arzt: „Kein Wunder! Sie sind ja auch zu 90 % aus Brot!“

~

Kommt der ***Kniefall*** zum Arzt. Sagt der Arzt: „Stehen Sie doch mal endlich auf!“

~

Kommt ***Breschnew*** zum Arzt. Sagt der Arzt: „Werden solche Witze überhaupt noch erzählt?“

~

Kommt eine ***Lasur*** zum Arzt. Sagt der Arzt: „Was kann ich für Sie tun?“ Sagt die Lasur: „Ich schäme mich. Bei mir scheint alles durch.“

~

Kommt der ***Fußballer Gerd Müller*** zum Arzt. Sagt der Arzt: „Was kann ich für Sie tun?“ Sagt Gerd Müller: „Stellen Sie sich vor, ich schieße heute mal kein Tor.“ Sagt der Arzt: „Das tue ich. Aber es bringt den 1. FC Köln auch nicht weiter.“

Kommt ein ***Maserati*** zum Arzt. Sagt der Arzt: „Geht's noch?" Sagt der Maserati: „Ich hatte bislang noch keinen Verkehr."

~

Kommt ein ***Ford*** zum Arzt. Sagt der Arzt. „Was kann ich für Sie tun?" Sagt der Ford: „Die Leute wollen mich alle nur loswerden. Ich höre immerzu: fort, fort, fort!"

~

Kommt eine ***Nackte*** zum Arzt. Sagt der Arzt: „Was soll das bloß?"

~

Kommt ein ***Lied*** zum Arzt. Sagt der Arzt: „Was kann ich für Sie tun?" Sagt das Lied: „Sie könnten mich singen." Sagt der Arzt: „Sing Sing! – Und nun?" Sagt das Lied: „Können Sie denn nur Knastlieder?"

~

Kommt der ***Hunger*** zum Arzt. Sagt der Arzt: „Was kann ich für Sie tun?" Sagt der Hunger: „Ich kann nicht das essen, was auf den Tisch kommt." Sagt der Arzt: „Dann essen Sie doch vom Teller!"

Kommt eine ***Frisur*** zum Arzt. Sagt der Arzt: „Das ist aber jetzt an den Haaren herbeigezogen!"

~

Kommt ein ***Unwesen*** zum Arzt. Sagt der Arzt: „Was kann ich für Sie tun?" Sagt das Unwesen: „Das müsste Ihnen doch klar sein, bei diesem Namen!" Sagt der Arzt: „Gut, gut, dann werden wir Ihnen das Un amputieren." Sagt das Unwesen: „Haben Sie denn auch das dafür erforderliche Linguistenzertifikat?"

~

Kommt ein ***Diabetes*** zum Arzt. Sagt der Arzt: „Was kann ich für Sie tun?" Sagt der Diabetes: „Ich habe Zucker." Sagt der Arzt: „Ich nehme nur Süßstoff."

~

Kommt ein ***Ärgernis*** zum Arzt. Sagt der Arzt: „So ein Mist aber auch!" Sagt das Ärgernis: „Das muss ich mir andauernd anhören."

~

Kommen ***„der, die, das"*** zum Arzt. Sagt der Arzt: „Sie sind mir zu einsilbig."

Kommt ein ***Gedicht*** zum Arzt. Sagt der Arzt: „Was kann ich für Sie tun?“ Sagt das Gedicht: „Ich reime mich nicht!“ Sagt der Arzt: „Ich bin ja auch kein Arzt.“

~

Kommt ein ***Skandal*** zum Arzt. Sagt der Arzt: „Was kann ich für Sie tun?“ Sagt der Skandal: „Ich bitte Sie!“ Sagt der Arzt: „Da sind Sie bei mir an der völlig falschen Adresse. Da müssen Sie zu *EXPLOSIV*.“ Sagt der Skandal: „Ich wollte aber keine Sendung sprengen.“

~

Kommt ein ***Geist*** zum Arzt. Sagt der Arzt: „Was kann ich für Sie tun?“ Sagt der Geist: „Ich bin unsichtbar!“ Sagt der Arzt: „Ich weiß. Deshalb kann man Ihnen ja auch kein Blut abnehmen.“ Sagt der Geist: „Ich weiß. Und mein Urin wird ja ausschließlich in den Labors einer Mineralwasserfirma geprüft.“

~

Kommt eine ***Leiche*** zum Arzt. Sagt der Arzt: „Was kann ich für Sie tun?“ Sagt die Leiche: „Ich dachte, das sieht man.“

Kommt der ***Tod*** zum Arzt. Sagt der Arzt: „Ohne Sarg kommen Sie hier nicht rein!"

~

Kommt ein ***Andreaskreuz*** zum Arzt. Sagt der Arzt: „Was kann ich für Sie tun?" Sagt das Andreaskreuz: „Haben Sie's denn nicht geschnallt?"

~

Kommt ein ***junger GRÜNER Abgeordneter*** zum Arzt. Sagt der Arzt: „Was kann ich für Sie tun?" Sagt der Abgeordnete: „Ich bin noch ganz grün hinter den Ohren!" Sagt der Arzt: „Das macht nichts. Hauptsache, Sie bezeichnen mich nicht als *Braune Sau*." Sagt der GRÜNE: „Wieso? Ich dachte, Sie stehen schon bei den Roten auf der schwarzen Liste."

~

Kommt der ***Zement*** zum Arzt. Sagt der Arzt: „Was kann ich für Sie tun?" Sagt der Zement: „Ich bin gestern total versackt."

~

Kommt ein ***Jahrgedächtnis*** zum Arzt. Sagt der Arzt: „Wann werden Sie endlich dement?"

Kommt die ***Religion*** zum Arzt. Sagt der Arzt: „Was kann ich für Sie tun?“ Sagt die Religion: „Ich hätte gerne Opium.“ Sagt der Arzt: „Wofür?“ Sagt die Religion: „Fürs Volk.“

~

Kommen ein ***Schweizer, ein Holländer, ein Franzose und ein Däne*** zum Arzt. Sagt der Arzt: „Muss ich mir diesen Käse immer noch antun?“

~

Kommt ein ***heroinsüchtiger Roman*** zum Arzt. Sagt der Arzt: „Was kann ich für Sie tun?“ Sagt der Roman: „Mir geht der Stoff aus.“

~

Kommt eine ***Milch*** zum Arzt. Sagt der Arzt: „Was kann ich für Sie tun?“ Sagt die Milch: „Ich bin schlecht!“ Sagt der Arzt: „Ich verschreibe Ihnen ein H.“

~

Kommt die ***Dreistigkeit*** zum Arzt. Sagt der Arzt: „Ach, die schon wieder!“

Kommt ein ***Kranker*** zum Arzt. Sagt der Arzt: „Was kann ich für Sie tun?“ Sagt der: „Nichts. Ich fühle mich wohl in meiner Haut!“ Sagt der Arzt: „Genau wie die Hypochonder.“

~

Kommt ein ***Halbgott*** zum Arzt. Sagt der Arzt: „Was kann ich für Sie tun?“ Sagt der Halbgott: „Ich bin mit mir unzufrieden.“ Sagt der Arzt: „Dann machen Sie nicht immer halbe Sachen!“

~

Kommt ein ***Grund*** zum Arzt. Sagt der Arzt: „Was ist denn die Ursache Ihres kausalen Kommens?“

~

Kommt ein ***Einkäufer*** zum Arzt. Sagt der Arzt: „Da haben Sie sich aber was eingehandelt.“

~

Kommt ein ***Gott*** zum Arzt. Sagt der Arzt: „Was kann ich für Sie tun?“ Sagt der Gott: „Niemand glaubt mehr an mich!“ Sagt der Arzt: „Wie meinen? – Der Nächste, bitte!“

Kommt ein ***Kondom*** zum Arzt. Sagt der Arzt: „Was kann ich für Sie tun?" Sagt das Kondom: „Sie könnten mich überstreifen!" Sagt der Arzt: „Ich kann aber in der Praxis nicht tun, was ich will."

~

Kommt eine ***junge Mandarine*** zum Arzt. Sagt der Arzt: „Sie sind mir ein Früchtchen!"

~

Kommt ein ***Geist*** zum Arzt. Sagt der Arzt: „Was kann ich für Sie tun?" Sagt der Geist: „Überall und nirgends zu sein ist nichts für mich." Sagt der Arzt: „Dann gehen Sie doch endlich zurück in Ihre Flasche!"

~

Kommt die ***Gicht*** zum Arzt. Sagt der Arzt: „Wann waren Sie zuletzt am Meer?" Sagt die Gicht: „Vor 3 Jahren. Meinen Sie, dass ich mich deshalb kaum bewegen kann?" [5]

---

[5] Gicht gibt es auch in der Schreibweise Gischt. Mit anderer Bedeutung. Gesprochen hört sich aber beides oft fast gleich an.

Kommt ein ***Fisch*** zum Arzt. Sagt der Arzt: „Sie haben doch 'nen Vogel!"

~

Kommt ein ***Weißkittel*** zum Arzt. Sagt der Arzt: „Was kann ich für Sie tun?" Sagt der Weißkittel: „Ich bin aus dem Zoo ausgebrochen." Sagt der Arzt: „Seit wann lebt unsereins im Zoo?"

~

Kommt ein ***Uterus*** zum Arzt. Sagt der Arzt: „Geht es denn nicht mal ohne diese Fremdworte?" Sagt der Uterus: „Sie können mich auch Gebärchen nennen!" Sagt der Arzt. „Ich meinte eigentlich Ihren Nachnamen: Kaschimskazowskisowitsch."

~

Kommt eine ***Sucht*** zum Arzt. Sagt der Arzt: „Gelb sind Sie aber nicht!" Da lallt die Sucht: „Nee, heute bin ich total blau."

~

Kommt ein ***Fußballer*** zum Arzt. Sagt der Arzt: „Tor!" Sagt der Fußballer: „Selber Idiot!"

Kommt der ***Regen*** zum Arzt. Sagt der Arzt: „Was kann ich für Sie tun?“ Sagt der Regen: „Ich mach' Sie gleich nass!“

~

Kommt ein ***Euter*** zum Arzt. Sagt der Arzt: „Was kann ich für Sie tun?“ Sagt der Euter: „Man will mich entlassen. Ich gebe immer nur Fruchtbuttermilch.“ Sagt der Arzt: „Warum reden Sie nicht mal mit den Zitzen?“

~

Kommt ein ***polnischer Arzt*** zum Arzt. Sagt der Arzt: „Was kann ich für Sie tun?“ Sagt der polnische Arzt: „Heile, heile, Gänschen.“ Sagt der Arzt: „Man müsste Ihnen mal das Maul stopfen.“

~

Kommt ein ***Sensemann*** zum Arzt. Sagt der Arzt: „Was kann ich für Sie tun?“ Sagt der Sensemann: „Ich wollte Sie abholen.“ Sagt der Arzt: „Am Tod kommt selbst Stan Libuda nicht vorbei.“ [6]

---

6 Neuartige Variation eines Witze-Klassikers.

Kommt ein ***Ei*** zum Arzt. Sagt der Arzt: „Was kann ich für Sie tun?" Sagt das Ei: „Ich bin ausgelaufen." Sagt der Arzt: „Aus welchem Hafen?"

~

Kommt ein ***Gewichtheber*** zum Arzt. Sagt der Arzt: „Was kann ich für Sie tun?" Sagt der Gewichtheber: „Ich lasse immer die Hanteln auf die Füße fallen." Sagt der Arzt: „Dann sollte ich Sie wegen Plattfüßen behanteln." [7]

~

Kommt eine ***Leber*** zum Arzt. Sagt der Arzt: „Sie gehen mir auf die Galle!" Sagt die Leber: „Ich habe doch gar keine Füße!"

~

Kommt ***Schiller*** zum Arzt. Sagt der Arzt: „Was kann ich für Sie tun?" Sagt Schiller: „Ich weiß auch nicht, was mir fehlt." Sagt der Arzt: „Wo haben Sie denn Ihre Locken gelassen?" Sagt Schiller: „Ach so, die ... die sind auf dem Fischmarkt!"

---

[7] Absichtliche neue Schreibweise von Kammlader und Niering: „behanteln" mit t statt mit d.

Kommt der ***Absturz*** zum Arzt. Sagt der Arzt: „Warum haben Sie den Piloten nicht mitgebracht?“ Sagt der Absturz: „Der wollte sich erst noch frischmachen.“

~

Kommt der ***Schaum*** zum Arzt. Sagt der Arzt: „Ich nehme an, Sie wurden geschlagen?“

~

Kommt die ***Sahne*** zum Arzt. Sagt der Arzt: „Was kann ich für Sie tun?“ Sagt die Sahne: „Ich sehe immer so fertig aus.“ Sagt der Arzt: „Dabei werden Sie ja heutzutage kaum noch geschlagen.“ Sagt die Sahne: „Ja, ja, das schon. Aber immer wieder kalt gestellt.“

~

Kommt der ***Sand*** zum Arzt. Sagt der Arzt: „Was kann ich für Sie tun?“ Sagt der Sand: „Ich bin so zerstreut.“

~

Kommt eine ***Zeile zusammen mit dem horizontalen Gewerbe*** zum Arzt. Sagt der Arzt: „Sie können beide liegen bleiben.“

Kommt ein ***Liliputaner*** zum Arzt. Sagt der Arzt: „Der Witz wird aber kurz!"

~

Kommt der ***diebische Dachs*** zum Arzt. Sagt der Arzt: „Bei Ihnen geht es ja auf und ab." Sagt der Dachs: „Ich hätte nicht von Frankfurt zum Vogelsberg ziehen dürfen. Nix zu holen." Sagt der Arzt: „Wo ist eigentlich meine Börse?"

~

Kommt ein ***Philosoph*** zum Arzt. Sagt der Arzt: „Das konnte man sich ja denken!"

~

Kommt die ***Gans*** zum Arzt. Sagt der Arzt: „Was kann ich für Sie tun?" Sagt die Gans: „Mir ist zum Sterben schlecht!" Sagt der Arzt: „Mir schwant nichts Gutes."

~

Kommen eine ***Thüringer Rostbratwurst, ein Frankfurter Würstchen, eine bayerische Weißwurst und eine rheinische Blutwurst*** zum Arzt. Sagt der Arzt: „Wen soll ich denn zuerst behandeln?" Sagen die Würste: „Ist doch egal, Sie geben doch zu allem Ihren Senf dazu."

Kommt der ***Preis*** zum Arzt. Sagt der Arzt: „Was kann ich für Sie tun?“ Sagt der Preis: „Ich bin gesalzen.“ Sagt der Arzt: „Oh, dann müssen wir Sie mehr streuen.“

~

Kommt ***Dur*** zum Arzt. Sagt der Arzt: „Sie brauchen eine Mollbinde!“

~

Kommt ein ***Personalausweis*** zum Arzt. Sagt der Arzt: „Beinahe hätte ich Sie verpasst.“

~

Kommt ein ***herzkranker Staatenloser*** zum Arzt. Sagt der Arzt: „Good bye, Pass!“

~

Kommt der ***Augenblick*** zum Arzt. Sagt der Arzt: „Einen Moment bitte!“

~

Kommt ein ***Schräg-Arzt-Witz*** zum Arzt. Sagt der Arzt: „Was kann ich für Sie tun?“ Sagt der Schräg-Arzt-Witz: „Ich bin total am Ende.“

NACHBEMERKUNG

Mit Witzen ist das so eine Sache. Sie fliegen durch die Welt, man schnappt sie da und dort auf, erzählt sie hier und woanders weiter ... und am Ende weiß man nicht, wer sie erfand und von wem sie stammen. Die Witze dieses Buches sind zu 98 % von den beiden Autoren erfunden worden. Oder zu 96 %. Oder zu 95 %. Wer will es genau bemessen?

Auf jeden Fall haben sich die Autoren vorgenommen, viele Witze selber zu erschaffen. Natürlich wird hier und da auch ein bekanntes Muster übernommen.

Witze haben immer Muster. An denen kommt man nicht vorbei. Zum Beispiel das Muster der Sprachspiele, wenn es Doppeldeutigkeiten gibt. „Ausgehen“ und „Ausgehen“ wäre so ein Wortpaar, das in der deutschen Sprache mehrere Bedeutungen hat.

Davon leben alle Witze, nicht nur die Schräg-Arzt-Witze. Diese Schräg-Arzt-Witze kennen im Prinzip zwei Versionen.

Die eine ist die „Sofortversion“. Der Witz ist schon da, bevor der Patient überhaupt den Mund aufmachen kann.

Kommt X. Sagt der Arzt: „...“

So in etwa die kurze Variante. Ein Witz z. B. ist so bekannt, dass die Autoren dies auch extra festhalten, weil sie diesen nicht selber erfanden.

Kommt ein Skelett zum Arzt. Sagt der Arzt: „Sie kommen aber spät!“

Dann gibt es die „Langversion“ des Schräg-Arzt-Witzes.

Struktur: Kommt ein XY zum Arzt. Sagt der Arzt: „Was kann ich für Sie tun?“ Sagt XY ...

Bei der Langversion haben wir also vorher eine Art Ritualisierung der Redeabfolge. Der lange Witz kann sich dann auch noch umkehren und eine neue, andere Wendung im Absurden bekommen.

Sowohl die „Sofortversion“ als auch die „Langversion“ des Schräg-Arzt-Witzes haben ihre Berechtigung. Es heißt bei beiden „sagt“ und nicht „fragt“. Beide fangen mit jenem magischen Wort „Kommt ...“ an. Wir haben beide Witzformen auch schön gemischt. Bisweilen haben wir diese zwei Haupt-Grundformen des Schräg-Arzt-Witzes auch noch leicht variiert.

Zudem sei bemerkt: Witze wie den mit dem Skelett (siehe oben) zu einem „eigenen“ zu erklären, ist nicht die Absicht der Autoren. Ehre, wem Ehre gebührt. (Auch wenn wir nicht wissen, wer besagten Witz erdachte.)

Dennoch sind Kammlader und Niering der Meinung, mit diesem Bändchen (und dem überwiegenden Großteil der Witze) etwas Eigenes oder Neues zu den Millionen (oder gar Milliarden?) von Witzen auf Erden beigetragen zu haben ... Witze, die jeweils so oder so durch die Welt irren.

Wir schnappen sie auf, diese Witze, wir bekommen sie mit, wir erfinden andere, oder erweitern vorhandene. Alles ist eine einzige kreative Bewegung, wo man das Original und das Plagiat manchmal kaum noch trennen kann.

Wer dieses Buch liest, weiß bisweilen, dass er den einen oder anderen Gedanken vielleicht mal gehört hat, aber wohl kaum im Zusammenhang mit dieser Art von Schräg-Arzt-Witzen. Und er oder sie werden sofort merken, wie viel eigenes Zutun bei alledem zu erkennen ist.

Kennzeichnung der Witze ist das Absurde, welches sich bisweilen mehrfach innerhalb eines Witzes noch dreht. Da gibt es poetische Witze, sexistische Plattheiten oder auch philosophische Tiefen. Die Witze decken ein breites Spektrum ab und können wein- und bierseligen

Stammtischen, gesitteten Kaffeerunden und hochgeistigen Diskussionskreisen zum „Lach-Stoff“ werden. Schichtenübergreifend. Über manches Witz-Rätsel sei lange nachzudenken.

In diesem Sinne übergeben wir der Welt unsere Schräg-Arzt-Witze und hoffen auf eine freundliche und vor allem fröhliche Aufnahme. Vielleicht können solche Witze auch etwas dazu beitragen, dass die Ärzte und Ärztinnen (letztere sind in der kurzen, prägnanten Formulierung „Arzt“ immer eingeschlossen) wirklich nur das Beste für ihre Patienten wollen ... und ihnen auch nur die allerbeste Behandlung an- und zugedeihen lassen, egal, ob es sich um arme oder reiche Menschen handelt, um Kassenpatienten oder Privatpatienten.

Wir wünschen uns eine gerechte und gesunde Welt, erfüllt von größter Freude und herzlichstem Humor.

Und den Ärzten und Ärztinnen gönnen wir freundliche, möglichst oft auch fröhliche Patienten. Vielleicht sollten die „Weißkittel“ selber zur Entspannung der Wartezimmerlage dieses Buch dann zum Hineinlesen in der Praxis oder im Krankenhaus auslegen.

Herbert Kammlader und Joachim Niering

REGISTER

(Stichwort - Seite)

Kommt ein ***Rad*** zum Arzt. Sagt der Arzt: „Was kann ich für Sie tun?“ Sagt das Rad: „Ich weiß mir bald keinen mehr. Und wenn das so weitergeht, drehe ich noch durch!“